Ciência e Espiritualidade no Desenvolvimento e Crescimento Infantojuvenil

Um olhar na Educação

Ciência e Espiritualidade no Desenvolvimento e Crescimento Infantojuvenil

Um olhar na Educação

Coordenadora

Clarice Gonzaga

Atheneu

Rio de Janeiro • São Paulo

2025

EDITORA ATHENEU

São Paulo	—	Rua Maria Paula, 123, 13º andar – Conjuntos 133 e 134 Tel.: (11) 2858-8750 E-mail: atheneu@atheneu.com.br
Rio de Janeiro	—	Rua Bambina, 74 Tel.: (21) 3094-1295 E-mail: atheneu@atheneu.com.br

PRODUÇÃO EDITORIAL/CAPA: FK Estudio
DIAGRAMAÇÃO: Know-How Editorial

CIP-BRASIL. Catalogação na Publicação
Sindicato Nacional dos Editores de Livros, RJ

C511

Ciência e espiritualidade no desenvolvimento e crescimento infantojuvenil : um olhar na educação / coordenadora Clarice Gonzaga. - 1. ed. - Rio de Janeiro : Atheneu, 2025.
23 cm.

Inclui bibliografia e índice
ISBN 978-65-5586-846-3

1. Educação de crianças. 2. Crianças - Formação - Aspectos religiosos. 3. Religião e Ciência. 4. Espiritualidade. I. Gonzaga, Clarice.

CDD: 204.4083
24-93712 CDU: 2-584-053.2

Meri Gleice Rodrigues de Souza - Bibliotecária - CRB-7/6439

23/08/2024 29/08/2024

Gonzaga C.
Ciência e Espiritualidade no Desenvolvimento e Crescimento Infantojuvenil – Um olhar na Educação

Dedico este livro à minha preciosa família e à presença de
Deus, cujo amor e orientação são as bases de nossas jornadas.
Que as palavras destas páginas possam irradiar
a importância e beleza da família e da espiritualidade para
todos os envolvidos com a ambiência educacional
e de saúde para o público infantojuvenil.

Clarice Gonzaga
Coordenadora

Prefácio

Este é livro que repercute os avanços da Espiritualidade no processo de educação; mais ainda: no processo pedagógico de crianças e adolescentes.

De maneira geral, o tema em pauta – Espiritualidade – pode ser definido como sentimento natural, espontâneo, próprio do homem. Nasce no território psíquico da mente, não se expressa em palavras e formas. Desconhece tempos e dimensões. Seu reino é da abstração afetiva ou de juízo de valor moral.

O notável poeta libanês Kalil Gibran assim o define:

"Os sentimentos, quando expressos em palavras, são como pássaros presos em gaiola."

Perdem-se no território psíquico do verbo. Da fala.

Substitutivamente, as artes ganham essa expressão. Sim. A música, por exemplo, por ser essencialmente abstrata, solicita ao ouvinte apenas concentrar-se em seus sons. A partir de então, influencia seu humor e ânimo. A música é a qualidade da arte que mais se aproxima da dimensão espiritual.

Para outros, os crentes, a prece é o veículo de excelência. A tradição narra muitos santos terem entrado em estado de alteração de consciência profunda, o êxtase após prece elevada.

De sua parte, o que mais toca o objeto deste trabalho é o papel desenvolvido pelas Sociedades Médicas e Pedagógicas que aceleram a inclusão da Espiritualidade em disciplinas acadêmicas, cursos, simpósios, congressos, departamentos especializados de sociedades médicas e pedagógicas. É o progresso. A inexorável lei do progresso. Seus atores alongam-se nos séculos, sobretudo, na evolução do pensamento científico, o aqui referido; psicológico, emocional.

Nos anos 1800 surge Wundt com a Psicologia Experimental, calcada nos modelos das ciências físicas. Segue-se Watson, com a sua Psicologia do Comportamento, e, por fim, nessa linha de ciência, Freud, com a Doutrina do Inconsciente.

Os anos 2000 trazem a Espiritualidade como nova força psíquica, cujos efeitos são perceptíveis no humor e, de forma geral, nas condições psicológicas do indivíduo.

Sua conexão perpassa a um só tempo filosofia da vida (visão de mundo), estado psicológico (cérebro), estado especial não verbal (mente).

A Espiritualidade expressa-se então por inéditas qualidades morais: esperança, generosidade, perdão, piedade, indulgência, tolerância, benevolência.

Sabe-se bem: a Espiritualidade, como muitos céticos pensam, não é nuvem de fantasias místicas ou religiosas. Apresenta-se por fatos, evidencia-se por fatos. Seu caráter é positivo. É ciência empírica e, portanto, segue consistente linha de pesquisa amparada pelo rigor metodológico.

Hoje, a cada ano, publicam-se milhares de trabalhos sobre a Espiritualidade, e centenas de congressos se realizam.

No que toca a parte nobre desta obra – a pedagogia espiritual –, sua influência e efeitos atuam sobre a grande plasticidade encontrada na infância. Com suas subsequentes repercussões e, pode-se dizer, desenvolvimento psicológico. E, igualmente, efeitos morais.

A família é ainda a grande educadora, referenciando suas condições sociais e culturais. Daí sua importância pedagógica, insubstituível.

O presente livro **Ciência e Espiritualidade no Desenvolvimento e Crescimento Infantojuvenil – Um olhar na Educação** cresce de importância, sob a Coordenação de Clarice Gonzaga. Chega nesse exato momento em que o homem passa a ser considerado sob aspecto funcional trinário: funções físicas, psicológicas e espirituais.

Estudos demonstraram serem mais felizes e ajustadas as famílias envolvidas pela Espiritualidade. As crianças, por seu turno, são mais felizes, e esses efeitos positivos promovem e potencializam o seu desenvolvimento e crescimento.

Holder e colaboradores, *Journal of Happiness*, assinalam que crianças que receberam orientação espiritual na primeira infância tornaram-se adolescentes mais felizes e de melhor convívio social.

Os estudos mostram que fé, crenças, espiritualidade apresentam significativas influências sob o neurodesenvolvimento (epigenética e plasticidade) dos seis primeiros anos de vida, que se estendem e repercutem nos anos seguintes.

Fica, portanto, a excelência da contribuição da Coordenadora Clarice Gonzaga para o progresso e a divulgação da espiritualidade.

Louve-se o seu esforço!

São Paulo, 06 de setembro de 2024.

Dr. Paulo Rezinski
Médico-Psiquiatra
Psicanalista
Diretor Médico Sênior em Ciências da Saúde.
Editora Atheneu

Palavras da Coordenadora

A importância da pedagogia ao trabalhar com o público infantojuvenil no século XXI é essencial, especialmente em assuntos complexos. A interseção entre ciência, espiritualidade e desenvolvimento infantojuvenil desempenha um papel fundamental no contexto educacional e na área da saúde. Essa abordagem pedagógica visa orientar os jovens em seu crescimento, incluindo o desenvolvimento do Quociente Espiritual (QS), reconhecendo a conexão intrínseca entre cognição, emoção e espiritualidade.

A educação vai além do acúmulo de conhecimento, integrando elementos que promovem o desenvolvimento emocional, ético e espiritual das crianças e adolescentes. Isso contribui não apenas para o desenvolvimento educacional, mas também para sua saúde integral. Enquanto a ciência oferece compreensão do mundo natural, a espiritualidade explora questões de significado, propósito e conexão interpessoal, impactando positivamente a saúde mental e emocional.

A integração desses aspectos proporciona uma abordagem educacional abrangente, nutrindo não apenas a inteligência cognitiva, mas também a inteligência emocional e espiritual dos alunos, refletindo-se em sua saúde e bem-estar. Nessa perspectiva, a educação busca cultivar habilidades de autorreflexão, compreensão e compaixão, capacitando os jovens a abraçar o mundo à sua volta de maneira ética e compassiva, tanto na escola quanto em ambientes de cuidados de saúde.

Esse enfoque é essencial não apenas para profissionais da saúde, ao proporcionar uma compreensão mais ampla nos atendimentos à saúde, onde a ciência e a espiritualidade se entrelaçam para o benefício do público infantojuvenil, mas para todos os interessados em uma intervenção eficaz e abrangente no cuidado e educação do público infantojuvenil. Reconhece-se a importância da pedagogia na integração da ciência e espiritualidade para o desenvolvimento pleno das crianças, que representam a pureza e a esperança do amanhã e que encontram na família e na espiritualidade alicerces para seu crescimento.

Apresentação

Dentro das páginas deste livro, exploramos a interseção dinâmica entre ciência e espiritualidade no contexto do desenvolvimento e crescimento infantojuvenil, sob a perspectiva única da educação transdisciplinar. Ao adentrar esta obra, mergulhamos em uma nova visão do conhecimento, representando um movimento que transcende fronteiras acadêmicas e integra as dimensões humanas. Valorizando saberes acadêmicos e não acadêmicos, nossa abordagem busca promover a alteridade, o respeito ao próximo e à natureza, a tolerância, a compreensão e a ética, moldando não apenas o entendimento do mundo, mas também a postura perante a vida.

A ausência de conclusões definitivas e a presença de parábolas nos capítulos convidam os leitores a participar ativamente do processo de aprendizado, formando suas próprias conclusões e conexões entre os conceitos apresentados. Isso ressoa com a natureza das parábolas, que frequentemente encorajam os leitores a extrair lições e significados pessoais, em vez de impor uma interpretação única.

Assim, os capítulos sem conclusão se alinham com a proposta de promover um desenvolvimento amplo e abrangente nas esferas científica, espiritual e educacional, como descrito na obra.

1. Jornada da autoconsciência: na conquista do crescimento significativo da vida. Destacamos a importância da autoconsciência no desenvolvimento pessoal, enfocando o crescimento significativo que se efetua quando as crianças desenvolvem uma compreensão mais profunda de si mesmas e do mundo a seu redor.
2. Importância do vínculo familiar e da espiritualidade na formação da criança: construindo bases sólidas para o seu crescimento e desenvolvimento. Exploramos o papel do vínculo familiar e da espiritualidade no desenvolvimento saudável e equilibrado das crianças,

ressaltando como esses aspectos contribuem para sua formação emocional e espiritual.

3. Acordes de elevação: sintonia entre música, espiritualidade e desenvolvimento da criança. Abordamos a influência da música e da espiritualidade no crescimento e no desenvolvimento das crianças, destacando como a música e a espiritualidade podem contribuir para o bem-estar emocional e mental delas.
4. A arte como portal da espiritualidade: conexão, expressão e criatividade no desenvolvimento da criança. Buscamos a importância da arte como meio de expressão e identidade espiritual para as crianças, ressaltando como a criatividade e a expressão artística contribuem para sua conexão com a espiritualidade.
5. Espiritualidade revelada: harmonia entre os mistérios da natureza e a essência oculta do "ser" criança. Analisamos a conexão entre os mistérios da natureza e a essência da criança. Dentro da ciência, a relação entre a natureza e o desenvolvimento humano tem sido objeto de estudo em campos como ecologia humana e psicologia ambiental, enquanto a espiritualidade muitas vezes vê a natureza como uma expressão da divindade. Na educação transdisciplinar, a conexão com a natureza pode ser integrada para promover a consciência ambiental, a conexão espiritual com o mundo natural e o desenvolvimento de uma visão abrangente da existência.
6. Desenvolvimento da espiritualidade da infância à adolescência. Enfatizamos o processo de desenvolvimento da espiritualidade ao longo da infância e da adolescência, abordando a evolução desse aspecto no curso das diferentes fases do crescimento das crianças.
7. União de saberes: a importância de integrar a espiritualidade como ferramenta transdisciplinar. Ressaltamos a necessidade de integrar diversos campos do conhecimento, incluindo ciência, espiritualidade e saúde mental, de forma a promover uma educação transdisciplinar abrangente, que reconheça a importância da espiritualidade na formação de indivíduos conscientes, éticos e compassivos para lidar com os desafios da vida de forma equilibrada e significativa.

Além das Páginas

Escrever sobre espiritualidade na odontopediatria e no contexto deste livro é uma honra e privilégio para poucos. Sou Carlos Rodolfo Mohn Neto, Presidente da Associação Brasileira de Odontopediatria – Regional Goiás, para o biênio 2023/2024, e estou fascinado em introduzir este trabalho inovador, que explora a interseção entre ciência, espiritualidade e desenvolvimento humano, com um olhar especial voltado para a educação.

Minha conexão com Clarice Gonzaga começou de forma simples, por meio de uma ligação telefônica que sugeria a criação de um grupo de estudo em Espiritualidade em Odontopediatria na Regional Goiás. O que começou como uma proposta modesta evoluiu para um compromisso profundo e contínuo, onde um pequeno grupo de profissionais se reúne mensalmente para explorar as diversas faces da espiritualidade e sua aplicação no acolhimento e cuidado na prática da odontopediatria.

Durante essa jornada, nos tornamos cada vez mais conscientes do poder transformador que a espiritualidade pode ter, tanto na vida das crianças quanto na dos profissionais que as atendem. Clarice Gonzaga, juntamente com seus coautores, sintetiza essa visão de maneira brilhante em *A Ciência e a Espiritualidade no Desenvolvimento e Crescimento Infantojuvenil: Um olhar na Educação* e convida os leitores a embarcarem em uma jornada verdadeiramente transformadora. O livro começa com uma exploração profunda da autoconsciência, destacando-a como um pilar essencial para o crescimento pessoal e o desenvolvimento significativo da vida.

A obra então se expande, abordando a influência vital da espiritualidade desde os primeiros anos de vida até a adolescência, trazendo à tona o papel essencial do vínculo familiar, da música, da arte e da conexão com a natureza no desenvolvimento infantil. Cada capítulo demonstra como esses elementos podem ser habilmente integrados em uma abordagem inter, trans e multidisciplinar que não apenas enriquece o desenvolvimento humano, mas também aprimora as práticas educativas.

O que torna esta obra singularmente valiosa é sua capacidade de unir, de forma harmoniosa e coerente, a ciência e a espiritualidade, promovendo um crescimento humano mais pleno, equilibrado e holístico. Trata-se de um recurso inestimável não apenas para educadores e pais, mas para todos aqueles que se interessam pelo desenvolvimento integral de crianças e jovens, oferecendo uma visão rica, multifacetada e profundamente inspiradora.

A você, caro leitor, desejo uma leitura que seja tanto enriquecedora quanto transformadora. Que este livro não apenas amplie sua compreensão sobre a espiritualidade, mas também inspire novas formas de ver, compreender e nutrir essa dimensão tão essencial em todas as fases da vida.

Aos acadêmicos de odontologia e demais áreas da saúde, que sirva de estímulo para ampliar discussões sobre espiritualidade e seus reflexos no cuidado de nossas crianças e adolescentes. Boa leitura!!!

Prof. Dr. Carlos Rodolfo Mohn Neto
Professor Titular de Odontopediatria e Saúde Coletiva da UNIP-Flamboyant.
Professor Colaborador I da PUC-Goiás.
Presidente da Associação de Odontopediatria do Estado de Goiás – Período 2022/2024.

Sumário

Parte III
Ciência e espiritualidade infantojuvenil

Parte IV
Ciência e espiritualidade – ferramenta transdisciplinar

Parte I

Introdução

Capítulo

1

Jornada da autoconsciência

Na conquista do crescimento significativo da vida

Clarice Gonzaga

Mestre em Engenharia de Produção – Mídia/Conhecimento. Autora do Projeto de Odontoeducação – Indexado no Plano Nacional pela Primeira Infância. Odontopediatra. Membro do Núcleo de Estudo em Espiritualidade da Criança e Adolescente da Sociedade de Pediatria de São Paulo (SPSP). Coordenadora do Núcleo de Estudo em Espiritualidade da Criança e Adolescente Aboped: Regional-Go. Cursando Pós-Graduação em Espiritualidade na Prática Clínica – F. E. – Juiz de Fora, MG; Capelã – Confecap.

Francisco Antônio Pereira Fialho

Professor Doutor Titular da Universidade de Santa Catarina. Coordenador do Núcleo de Complexidade e Cognição (NUCOG) e Núcleo da Cognição e Consciência (NEDECC).

Adriana Baidek

Psicóloga Clínica. Especialista em Terapia Cognitivo-Comportamental, Neuropsicologia e Eye Movement Desensitization and Reprocessing (EMDR). Advogada Especialista em Direito e Processo do Trabalho.

> *"O homem não pode descobrir novos oceanos a menos que tenha coragem de perder de vista a costa."*
>
> André Gide

A jornada da autoconsciência é fundamental para o profissional da Saúde, Educação e de outros campos do saber e do conhecimento que tenham responsabilidades com crianças, pois promove uma compreensão mais profunda de si mesmo e, por extensão, das necessidades e perspectivas das crianças. Ao embarcar nessa jornada de autoconhecimento, o profissional passa a explorar suas próprias experiências, expectativas e desafios, desvendando as camadas que moldam sua compreensão do mundo e das relações interpessoais.

Essa jornada de iluminação não apenas proporciona clareza e autenticidade, mas também leva a *insights* transformadores sobre si mesmo e os outros, propiciando uma conexão mais profunda e ampliando a capacidade de empatia. Ao confrontar suas próprias sombras e abraçar suas vulnerabilidades, o profissional se torna mais habilitado a compreender e apoiar as crianças em suas próprias jornadas de descoberta e autoconhecimento. A espiritualidade, quando integrada a esse processo, pode fornecer uma base de valores e significados que enriquecem a compreensão do profissional, permitindo-lhe oferecer um ambiente que favoreça o crescimento, a curiosidade, a compaixão e o desenvolvimento saudável das crianças.

Aquisição de conhecimento

O conhecimento desempenha papel indispensável em cada aspecto da vida humana, desde a inovação científica e a evolução tecnológica até a compreensão da complexidade das relações humanas e sociais.

A aquisição de conhecimento alimenta a mente e o espírito, ampliando a visão de mundo e capacitando as pessoas a enfrentarem desafios com criatividade e intelecto. É fundamental para a evolução da humanidade, tanto em âmbito individual como coletivo, impulsionando-nos em direção a um mundo mais informado, inclusivo e capacitado.

Trata-se de um processo contínuo e envolve a busca ativa por novas informações e a assimilação e a aplicação prática do conhecimento adquirido.

Existem várias teorias e abordagens que explicam como ocorre a aquisição de conhecimento. Alguns dos principais modelos incluem:

1. Behaviorismo: enfatiza a importância do estímulo e da resposta no processo de aprendizagem. O comportamento é moldado por meio de reforços positivos e negativos, e a aquisição de conhecimento resulta tanto da repetição, como da prática.

   John B. Watson foi um psicólogo americano, que viveu de 1878 a 1958, considerado o fundador do behaviorismo, uma abordagem da Psicologia que se concentra no estudo do comportamento observável e mensurável, em oposição aos processos mentais internos.

2. Cognitivismo: enfatiza os processos mentais internos envolvidos na aquisição de conhecimento, como a atenção, a memória, a percepção e o raciocínio. A aprendizagem é vista como um processo de processamento de informações no qual o indivíduo organiza, interpreta e integra novas informações ao conhecimento prévio.

3. Construtivismo: afirma que o conhecimento é construído ativamente pelo indivíduo, por intermédio da interação com o ambiente e da reflexão sobre suas experiências. O aprendiz é visto como um participante ativo na construção do conhecimento.

4. Construcionismo: reforça a importância da interação social na aquisição de conhecimento. O conhecimento é construído pela interação com outras pessoas, da troca de ideias e da colaboração em projetos e atividades.

Em todas essas teorias e propostas, a espiritualidade é fundamental na construção do mundo vivido por cada indivíduo em sua jornada rumo ao autoconhecimento.

Segundo o processo de abstração reflexionante, descrito por Jean Piaget, podemos perceber a influência da espiritualidade em quatro momentos.

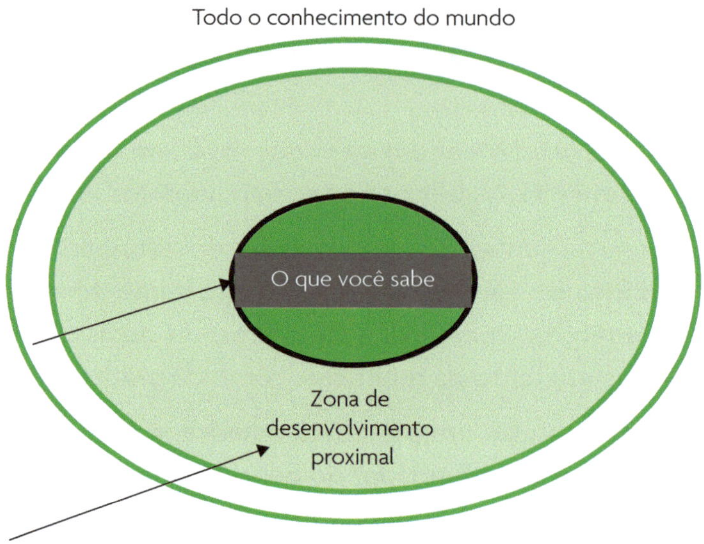

Figura 1.1. Piaget e Vygotsky.
Fonte: Desenvolvida pela autoria do capítulo.

1. Abstração empírica: consiste em trazer algo passível de ser percebido para o contexto sensorial, ou seja, para as sensações do nosso corpo. Esta percepção pode ser desencadeada pela importância do elemento para a nossa sobrevivência, ou pela sua relevância dentro da cultura em que vivemos. Por exemplo, a espiritualidade dentro de uma cultura pode desempenhar um papel importante ao tornar algo perceptível, ou seja, tangível e significativo para as pessoas dentro dessa cultura.
2. Abstração reflexiva: para transformar sensação em percepção temos de associar uma emoção ao "observável": raiva, medo, nojo, alegria ou tristeza.
3. Abstração pseudoempírica: refere-se ao processo de levar percepções sensoriais do corpo para a esfera da mente. Quando uma pessoa experimenta uma percepção sensorial, como ver, ouvir, tocar, cheirar ou saborear algo, essa informação é enviada para o cérebro. Portanto, a conversão de percepção em cognição ocorre quando as percepções sensoriais são interpretadas, analisadas e integradas com o conhecimento existente para formar uma compreensão significativa e acionável da experiência.

4. Abstração reflexionante: a capacidade de pensar o próprio pensamento.

Vygotsky fala em zona de desenvolvimento proximal (ZDP). Esta define a distância entre o *nível de desenvolvimento real*, determinado pela capacidade de a criança resolver um problema sem ajuda *e o nível* de desenvolvimento potencial determinado mediante a resolução de um problema sob a orientação de um adulto ou em colaboração com um companheiro (uma criança mais velha). A ZDP define aquelas funções que ainda não amadureceram, mas que estão em processo de maturação, funções que amadurecerão, mas que estão, presentemente, em estado embrionário. Vygotsky diz que o indivíduo não pode transpor um expediente de aprendizagem sem algum conhecimento anterior cognitivamente relacionado a fim de conectar e suportar a nova informação.

Falamos hoje em cognição 4E, na tecnologia, refere-se a uma abordagem que considera a cognição humana como algo que é *enacted, embedded, extended* e *embodied* no contexto tecnológico. Isso significa que a cognição não é vista apenas como algo que acontece dentro da mente de uma pessoa, mas como um processo interativo e distribuído que envolve a interação entre a mente, o corpo e o ambiente tecnológico. Nesse sentido, a cognição 4E destaca a importância de levar em conta não apenas os processos mentais internos, mas também a influência do ambiente e das ferramentas tecnológicas na cognição humana.

1. *Enacted*: a cognição é *enacted* ao considerar que ela não é simplesmente um processo interno, mas é também construída e moldada por meio das interações ativas entre a mente, o corpo e o ambiente tecnológico. Isso implica que a cognição emerge da ação e da interação do indivíduo com o mundo ao seu redor.
2. *Embedded*: a cognição é *embedded* ao reconhecer que ela não é limitada ao cérebro, mas é distribuída e integrada no ambiente e nas ferramentas tecnológicas com as quais o indivíduo interage. Isso destaca a importância do ambiente e das tecnologias na formação e no suporte dos processos cognitivos.
3. *Extended*: a cognição é *extended* ao reconhecer que os processos cognitivos não estão limitados ao cérebro ou ao corpo, mas podem

se estender para além do indivíduo e incluir ferramentas e artefatos tecnológicos. Isso implica que as tecnologias podem funcionar como uma extensão efetiva da mente humana, ampliando e enriquecendo os processos cognitivos.

4. *Embodied*: a cognição é *embodied* ao considerar que os processos cognitivos não são separados do corpo, mas estão interconectados e incorporados nas experiências corporais e sensoriais. Isso destaca a importância da interação entre a mente e o corpo na formação dos processos cognitivos.

Figura 1.2. Cognição 4E.
Fonte: Desenvolvida pela autoria do capítulo.

Existem diferentes estratégias e técnicas que podem ser utilizadas para facilitar a aquisição de conhecimento, como a leitura, a pesquisa, a prática, a discussão do conhecimento em situações reais.

A essas podemos acrescentar a meditação.

Enquanto, no Budismo, falamos em dezenas de formas de meditação, a ciência reconhece três formas principais de aquisição de conhecimento pela meditação:

1. Meditação focada: ajuda a concentração e promove a disciplina necessária à construção de conhecimento.
2. Meditação de atenção plena (*mindfulness*): refere-se à prática de focar a atenção no momento presente, criando um estado de consciência expandida, reduzindo a atividade mental excessiva que tem como resultado um estado de calma mental e clareza, que são propícios para a criatividade. Durante a meditação, desligar ou reduzir a atividade do lobo parietal esquerdo pode facilitar a diminuição das características da mente analítica e lógica, permitindo uma experiência mais intuitiva e abrangente.

   Desligar o modo 1 do lobo parietal direito pode facilitar uma percepção ampliada do espaço e do tempo, abrindo a mente para insights criativos e novas perspectivas.
3. Meditação compassiva: ligada à espiritualidade enquanto motivação para o processo de aprendizagem. Tem a ver com a busca de um "propósito" que dê sentido ao que se deseja fazer e com a busca pelos meios para realizar o que se pretende.

MEMORIZE!

A aquisição de conhecimento é um processo individual e único e pode variar de acordo com o contexto, os interesses e as habilidades de cada pessoa.

Aquisição do conhecimento no despertar da consciência

A aquisição de conhecimento desempenha um papel fundamental no despertar da consciência, que, em sua jornada em direção à espiritualidade, abraça conceitos relacionados ao processo de "Individuação", termo desenvolvido por Jung.

Consciência, aqui, é entendida como o sentido de um "eu" observador do mundo a sua volta e observador de si mesmo, por meio do processo de individuação.

O processo de individuação:

- similar a uma viagem às profundezas da psique pessoal;
- objetivo de descobrir e integrar várias camadas da própria personalidade;
- cada jornada é única e diversa, adaptada à pessoa que a realiza.

Quanto à natureza, esse processo:

- não é linear, mas sim complexo e orgânico;
- comparação com uma espiral, revisitando temas em diferentes níveis de profundidade;
- o uso de "etapas" é útil para estruturá-lo, mas não representa um caminho fixo.

E a exploração interior se faz:

- pela descoberta de paisagens maravilhosas e inquietantes;
- com possibilidade de surpresas, choques e desafios internos;
- por cada descoberta, que é uma oportunidade para integração e autenticidade.

Fases do processo de individuação

- Abordagem das diferentes fases desse processo com uma mentalidade aberta e adaptativa.

Primeira fase

1. Consciência da persona
    - Primeira fase do processo de individuação.
    - Persona é a máscara social que usamos, a versão que mostramos ao mundo exterior.
    - Não é necessariamente falsa, mas essencial para interações sociais.
    - Surgem problemas quando nos identificamos completamente com essa máscara, perdendo contato com nossa verdadeira essência.

2. Importância da consciência da persona
   - Essencial para a individuação, proporcionando perspectiva.
   - Permite compreender que há mais em si do que o que é mostrado ao mundo.
   - Reconhecimento pode surgir por intermédio de uma crise, introspecção profunda ou terapia.
   - Desencadeia o processo de transformação interior.

Segunda fase

1. Encontro com a própria sombra
   - A sombra representa os aspectos reprimidos, ignorados ou não reconhecidos.
   - Ela abrange medos, desejos considerados tabus, inseguranças e potenciais escondidos.
   - Compara-se a um quarto escuro na mente que não pode ser simplesmente ignorado.
2. Lidar com a própria sombra
   - Reconhecer a existência da própria sombra é o primeiro passo.
   - Ela pode surgir em reflexões, padrões identificados na terapia ou em manifestações em sonhos.
   - Processo delicado que envolve terapia, análise de sonhos e práticas meditativas.
   - O objetivo é o indivíduo compreender e integrar sua sombra para se tornar mais completo e autêntico.
3. Integração da sombra
   - Trabalho contínuo de confronto, diálogo e integração.
   - O objetivo é integrar a sombra em vez de eliminá-la.
   - Processo desafiador e corajoso necessário para o indivíduo se tornar a versão mais completa e autêntica de si mesmo.

Jung postulava que a genuína individuação, ou o ato de atingir a própria essência, envolve a incorporação consciente tanto do princípio masculino (*animus*) como do feminino (*anima*). Isso requer aceitação e integração tanto das características masculinas como das femininas presentes em nosso íntimo. Ao realizar essa integração, alcançamos um equilíbrio interno que não apenas aprofunda nossa autoconsciência, mas também nos conduz a relacionamentos mais saudáveis e gratificantes.

Última etapa do processo de individuação

1. Realização do *self*

A fase final do processo de individuação é o momento em que o "eu" se realiza. Aqui, todas as lições aprendidas anteriormente são unificadas para formar uma versão completa e integrada de si mesmo.

2. Foco no florescimento

Nesta etapa, o foco muda do tratamento de deficiências e de medos para o florescimento, o bem-estar e a satisfação na vida. Após o indivíduo construir resiliência e desenvolver pontos fortes, a atenção se volta para o uso dessas habilidades em benefício próprio e em dos outros, refletindo uma componente altruísta.

3. Processo contínuo e orientação

É primordial entender que a realização do *self* não é estática, mas um processo contínuo que requer manutenção, reflexão e adaptação. Quando alguém atinge essa etapa, também se torna um guia para os outros, oferecendo sabedoria e perspectiva que podem ser úteis para aqueles em estágios iniciais de individuação. Essa realização não é apenas uma jornada de autoconhecimento, mas também um passo em direção à comunidade e à conexão, reconhecendo a interdependência que todas as partes estão conectadas e que as ações podem ter impactos significativos em toda a teia da vida.

Desenvolvimento da espiritualidade

A aquisição de conhecimento pode exercer um papel significativo no desenvolvimento da espiritualidade, fornecendo:

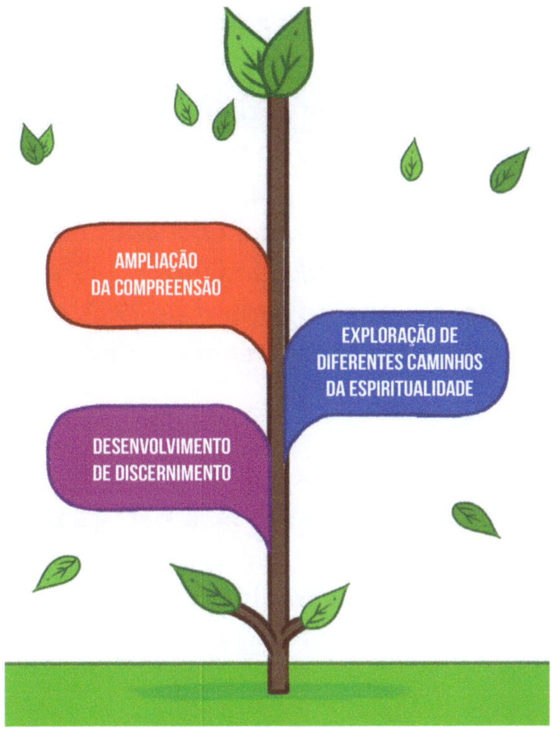

1. Ampliação da compreensão
    - Expansão da visão do mundo, natureza humana e questões filosóficas.
    - Desenvolvimento de uma visão abrangente, despertando admiração e conexão com algo maior.
2. Exploração de diferentes caminhos da espiritualidade
    - Possibilidade de explorar tradições espirituais, crenças e práticas diversas.
    - Estudo e aprendizado ampliam a perspectiva e enriquecem a jornada espiritual.
3. Desenvolvimento de discernimento
    - Contribui para a capacidade de diferenciar entre diversas perspectivas e ensinamentos espirituais.
    - Promove a adoção de uma abordagem crítica e reflexiva em relação à própria espiritualidade.

> *"Recebi sua carta em um momento de decepção. Tive que aceitar que não consigo fazer as pessoas enxergarem o que busco. Estou praticamente sozinho. Alguns compreendem partes, mas quase ninguém vê o todo. Falhei na minha missão principal: abrir os olhos das pessoas para a* ***alma humana*** *e o tesouro enterrado no campo, enquanto nossa religião e filosofia estão em um estado lamentável." – Trecho de carta não publicada de Jung, novembro de 1960, caracterizada por G. Adler como um "atípico episódio de depressão".*

REFLEXÃO!

A aquisição de conhecimento por si só não garante o desenvolvimento da espiritualidade. A aplicação prática, a experiência direta e a busca de uma conexão pessoal com algo maior são igualmente importantes.

Aplicação prática

Algumas maneiras de adquirir conhecimento e desenvolver a espiritualidade na prática profissional:

1. Aprendizagem experiencial: incorporar a prática de refletir e aprender com experiências no ambiente profissional.
2. Educação continuada: investir em educação continuada para ampliar conhecimentos e perspectivas e buscar um crescimento constante.
3. Desenvolvimento pessoal: engajar-se em práticas de autoconhecimento, como meditação e *mindfulness*, para promover a consciência interior e a conexão com valores fundamentais.
4. Prática da sintonia e compaixão: estabelecer conexões significativas com colegas, clientes e a comunidade em geral, reconhecendo a humanidade compartilhada e promovendo relacionamentos mais saudáveis.
5. Integração de valores: integrar valores éticos e espirituais no ambiente de trabalho, propiciando um ambiente profissional mais positivo e impactante.
6. Alinhamento com propósito: buscar um propósito mais elevado em suas atividades diárias, alinhando as ações profissionais a valores pessoais e espirituais.

Essas práticas podem beneficiar os profissionais a encontrar um equilíbrio entre o desenvolvimento intelectual e as dimensões mais profundas da consciência e da espiritualidade.

ESSENCIAL!

A jornada de aquisição de conhecimento e de desenvolvimento da espiritualidade é única para cada pessoa. Explore diferentes abordagens, encontre o que ressoa com você e esteja aberto a ajustar sua prática ao longo do tempo. A prática consistente e a busca sincera são processos interligados que podem trazer benefícios significativos para a vida de uma pessoa. Ambos envolvem a busca por maior entendimento de si mesmo, do propósito da vida e da conexão com algo maior.

Compreender nossos pensamentos, emoções, valores, crenças e comportamentos envolve a reflexão sobre nossas experiências passadas, nossas motivações e desejos, bem como a identificação de nossas forças e fraquezas. Por intermédio do autoconhecimento, podemos desenvolver uma maior consciência de quem somos e do que realmente queremos na vida.

Nesse contexto, vale a pena citar pesquisadores e estudiosos que exploraram a relação entre a aquisição de conhecimento, a Neurociência e a espiritualidade.

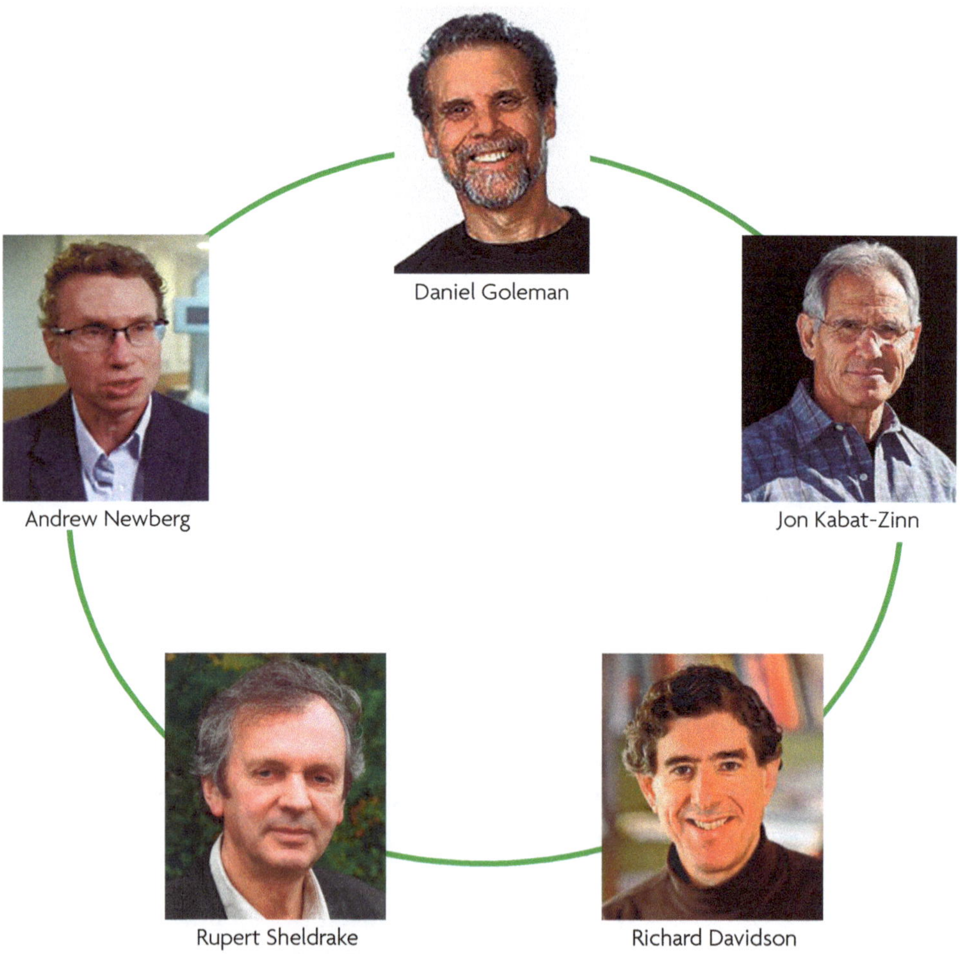

Figura 1.3. Jornada de aquisição de conhecimento.
Fonte: Desenvolvida pela autoria do capítulo.

1. Daniel Goleman é psicólogo e escritor conhecido por seu trabalho sobre inteligência emocional. Ele também explorou a relação entre a espiritualidade, a consciência e o bem-estar emocional.
2. Jon Kabat-Zinn é professor emérito de Medicina e fundador da Clínica de Redução do Estresse e do Centro de Atenção Plena em Medicina, Saúde e Sociedade da Universidade de Massachusetts. Ele tem pesquisado e promovido a prática da atenção plena como uma forma de desenvolvimento espiritual e bem-estar.
3. Richard Davidson é um renomado neurocientista e fundador do Center for Healthy Minds, na Universidade de Wisconsin-Madison. Davidson tem realizado pesquisas sobre os efeitos da meditação e da prática espiritual no cérebro e na saúde mental.
4. Rupert Sheldrake é biólogo e escritor britânico conhecido por suas teorias sobre a consciência e a espiritualidade. Ele postula a existência de uma "mente estendida" que vai além do cérebro e do corpo físico.
5. Andrew Newberg é neurocientista e professor de Radiologia e Psiquiatria na Universidade Thomas Jefferson, nos Estados Unidos, que, utilizando técnicas de imagem cerebral, tem estudado os efeitos da espiritualidade e da meditação no cérebro.

Profissionais que lidam com crianças reconhecem a importância de se conectarem com sua própria criança interior, refletindo sobre suas experiências, crenças e emoções da infância. Isso pode facilitá-los a desenvolver zelo, sensibilidade e uma conexão autêntica com as crianças e criar um ambiente seguro e estimulante para o desenvolvimento destas.

Além disso, "conhecer a criança" que existe dentro de si pode auxiliar os profissionais a lidarem com as próprias emoções ao trabalhar com crianças, contribuindo para uma abordagem equilibrada e eficaz.

> *"Conhece-te a ti mesmo."*
>
> Sócrates

Somos uma construção dos primeiros vínculos

Olhe para o adulto em que você se transformou e reflita sobre a maneira que seus relacionamentos são construídos. Quando adultos, carregamos para nossos relacionamentos o que foi ensinado na infância nos relacionamentos com os nossos primeiros cuidadores.

Os seres humanos são programados para o apego, o que os fazem estabelecer um vínculo mediante o qual o bebê se apega instintivamente ao seu cuidador primário para receber os cuidados necessários, garantindo sua sobrevivência. O apego é uma predisposição biológica que conecta um ser humano a outro para a sobrevivência e construção da personalidade.

A relação construída com o primeiro cuidador torna-se o caminho que será percorrido em outros relacionamentos. Essa maneira de se relacionar estabelecida na infância, desde o nascimento, será construída e mantida por todo o ciclo de desenvolvimento.

"O sistema de apego está presente em nossas vidas, do berço ao túmulo.", frase citada pelo médico psicanalista inglês John Bowlby.

A teoria de apego, desenvolvida por John Bowlby e Mary Ainsworth, demonstrou as consequências, para a criança, quando esses vínculos são rompidos na infância (Gomes e Melchiori, 2011).

Essa teoria demonstra a propensão dos seres humanos construírem vínculos fortes com seu cuidador principal. Quando esses vínculos não são construídos de maneira funcional e saudável, haverá consequências, pois a não construção dos vínculos estabelece um modelo que se perpetuará em outras relações.

Quando os vínculos são estabelecidos com segurança e qualidade entre o cuidador e a criança, esta criança será um indivíduo com boa saúde mental ao longo da vida. Somos seres relacionais e precisamos do outro desde quando nascemos, é vital estarmos perto de outros seres humanos.

Sivania (2017) esclarece que o apego oferece uma base segura na construção dos vínculos. Se os seus cuidadores carregavam feridas e traumas emocionais, você carregará as consequências dessas feridas e traumas emocionais.

Existem diferentes estilos de apego. Citarei cada um, mas não me aprofundarei nesse tema. No **apego seguro**, a criança se sente segura para viver as diferentes experiências da vida, desenvolvendo um sentido de si própria, centrada e coesa, com facilidade de regulação emocional e estilo de interação adequado.

O **apego inseguro** é dividido em três categorias: apego evitativo; apego ansioso/ambivalente; e apego desorganizado.

A pessoa com estilo de **apego inseguro evitativo** vivenciou, em sua infância, falta de disponibilidade e comprometimento emocional de seus cuidadores para com ela; como consequência, reprimiu suas necessidades, evitando proximidades com figuras de apego.

O **apego inseguro ambivalente** apresenta características de agarramento com muita ansiedade ao cuidador. Esse apego é formado em experiências conflitantes com seus cuidadores, que se mostram disponíveis em algum momento; porém, em outros, mostram-se inacessíveis para a criança. São cuidadores que têm dificuldade em estar atentos às necessidades da criança.

No **apego desorganizado**, as crianças sofreram negligência emocional por falta de resposta em seus momentos de tensão. Em alguns casos, elas sofreram maus-tratos emocionais.

Então, para entender o adulto em que você se transformou, é necessário lançar um olhar para sua infância e entender como era seu relacionamento com seus primeiros cuidadores. Os modelos de apegos desenvolvidos na infância e na adolescência imprimem estilos de relacionamentos que serão desenvolvidos na fase adulta.

Pare por um momento e reflita se em seu sistema familiar havia amor, acolhimento, amparo e saúde emocional. Tente perceber como foi seu relacionamento com seus primeiros cuidadores, pode ser que nessa reflexão você entenda como se movimenta emocionalmente em suas relações.

Você foi construído em sua história por relacionamentos, aprendizagens, situações e experiências de vida.

Porém, se você tem se relacionado de uma maneira que causa adoecimento emocional, é necessário desconstruir o que foi aprendido na infância e reconstruir novas formas de se relacionar. Será um processo desafiador, porém é possível.

Para reconstruir é necessário desconstruir, esse é o processo.

Desconstruir para reconstruir

> *"A desconstrução não é uma operação de aniquilamento, mas de desmontagem."*
>
> Jacques Derrida

No início da infância, as crianças desenvolvem determinados pensamentos sobre si mesmas, outras pessoas e o mundo. Esses pensamentos se transformam em lentes pelas quais a criança vai enxergar emocionalmente. A maneira de olhar o mundo, o outro e a si mesmo pode sempre levar o indivíduo aos mesmos comportamentos, consequentemente, aos mesmos resultados.

Não estamos cogitando que destino exista, o que queremos esclarecer é que se você tem os mesmos comportamentos, consequentemente terá os mesmos resultados em sua vida.

Vamos entender o que tem feito você sempre ter esses mesmos comportamentos que estão destruindo ou construindo a sua história.

Aaron Beck desenvolveu, no início da década de 1960, a terapia cognitivo-comportamental, que observa os pensamentos e comportamentos disfuncionais, comportamentos que são inadequados ou inúteis.

Esse modelo cognitivo propõe que o pensamento disfuncional influencia no humor. Para você modificar seus sentimentos e comportamentos, é necessário observar e entender o conteúdo do seu pensamento (Beck, 2013).

Seu pensamento determina sentimentos e comportamentos. Se você está sentindo tristeza, seus comportamentos vão demonstrar esse sentimento como evitar relacionamentos, esconder-se ou fugir de situações que exijam interação social.

Pensamentos determinam a forma como interpretamos o mundo que nos cerca. Pensamentos disfuncionais ou distorcidos são deslizes de pensamentos que surgem de vez em quando; igual a um vírus, acaba comprometendo a forma como processamos as informações, impedindo que façamos uma avaliação exata da experiência pela qual estamos passando (Bracch e Willson, 2012).

Para reconstruir, é necessário desconstruir. Na criança, há a oportunidade de construir pensamentos e crenças que vão ser carregados por toda uma vida; enquanto o adulto tem de desconstruir um passado, uma história de vida e experiências para reconstruir novos pensamentos e um futuro de qualidade de vida.

Você pode estar se perguntando como é possível reconstruir o passado e uma história de vida.

Você se desconstrói e se reconstrói mediante mudança de pensamentos.

Pensamentos automáticos constituem um fluxo mental que surge espontaneamente; são breves, porém não são percebidos, pois você não presta muita atenção ao conteúdo dos seus pensamentos, e sim aos seus sentimentos ou às consequências dos seus comportamentos.

Seu humor é alterado por seu pensamento, suas emoções estão conectadas com os conteúdos dos seus pensamentos. Os seus sentimentos não são fatos, não confie em seus sentimentos.

Quando você perceber seus sentimentos mudando, faça-se a seguinte pergunta:

O que estou pensando nesse momento?

Tente perceber qual o conteúdo do seu pensamento automático e avalie se se trata de interpretações equivocadas ou inadequadas da situação que você está vivendo.

Alguns pensamentos são inverdades, são interpretações falsas de uma realidade – as distorções cognitivas. Veja algumas delas:

1. Pensamentos do tipo tudo ou nada: você enxerga uma situação por apenas duas categorias – pensamento polarizado ou dicotômico.
2. Catastrofização: você prevê negativamente o futuro sem levar em consideração outros resultados mais prováveis, acreditando que o que aconteceu ou vai acontecer é tão terrível que você não será capaz de suportar.
3. Desqualificação dos aspectos positivos: você diz a si mesmo que as experiências positivas não contam, olhando apenas para o que deu errado na situação.
4. Filtro negativo: você dá atenção indevida a um detalhe negativo, em vez de ver a situação como um todo ou levar em consideração também os aspectos positivos.
5. Leitura mental: você acredita que sabe o que os outros estão pensando, sem evidências suficientes sem considerar, outras possibilidades muito mais prováveis.
6. Atribuição de culpa a terceiros: você se concentra em outra pessoa como fonte de sentimentos negativos e recusa-se a assumir a responsabilidade da mudança.
7. Personalização: você atribui a si mesmo a culpa pelos eventos negativos e não consegue perceber que alguns eventos foram causados por terceiros.
8. Supergeneralização: você tira uma conclusão negativa radical com base em um único incidente.

Essas são algumas distorções cognitivas que podem fazê-lo ter uma percepção equivocada da realidade ora presente. Por isso, não acredite em seus pensamentos e não tome decisões de acordo os pensamentos disfuncionais.

Quando você perceber um pensamento que está causando um sentimento negativo, faça o questionamento socrático, ou seja, perguntas que o ajudarão a descontruir esses pensamentos disfuncionais. As perguntas socráticas trarão pensamentos alternativos funcionais que o farão interpretar de maneira diferente a situação do momento.

As perguntas a seguir o ajudarão a analisar se seus pensamentos são disfuncionais (Bracch; Willson, 2012):

1. Posso provar que meus pensamentos são totalmente verdadeiros?
2. Quais os efeitos de pensar dessa forma?
3. As pessoas cujas opiniões eu respeito concordariam que meus pensamentos correspondem à realidade?
4. Que evidência existe contra esse pensamento?
5. O que preciso pensar para sentir e agir de forma diferente?

Pensamentos e sentimentos são fenômenos diferentes, pensamentos criam sentimentos e comportamentos. Então, para mudar o comportamento, é necessário estar atento ao pensamento e, mediante uma avaliação com o questionamento socrático, pensamentos alternativos serão percebidos, de maneira que você será capaz de analisar, com clareza, a situação vivida.

Construir, desconstruir e reconstruir

> *"Conheça todas as teorias, domine todas as técnicas, mas, ao tocar uma alma humana, seja apenas outra alma humana."*
>
> Carl Jung

Priorize seu processo de autoconhecimento, cuide de sua saúde mental e, se necessário, enfrente seu passado, seus traumas e sua história de vida.

Na jornada de autoconhecimento, você vai se construir, desconstruir e reconstruir; enquanto você viver, esse processo existirá.

Construa-se, desconstrua-se e reconstrua-se, viva o seu processo, lembrando que você é uma alma humana que se relaciona com outra alma humana.

Aprender é um processo de vida, morte, vida. Só aprendemos quando deixamos ir um velho eu e damos nascimento a uma nova subpersonalidade.

Quando nascemos, somos "um projeto de ser humano".
Permita que esse projeto se realize.

> *"Temia meu regresso tanto como temera minha partida; as duas coisas faziam parte do desconhecido e do inesperado. O que me fora familiar agora era desconhecido; o único que mudara era eu... Regressei com "nada" para ensinar de minha experiência. Através da compreensão de minha viagem, obtive a confiança para fazer as necessárias – e difíceis – separações de minhas antigas estruturas de vida, que já não tinham sentido... Regressei da viagem para começar outra."*
>
> Gilgamesh

Um olhar na educação

Figura 1.4. Em busca de significados.
Fonte: Acervo da autoria do capítulo.

No século XX, o quociente de inteligência (QI) era a medida predominante da inteligência humana. Posteriormente, a descoberta do quociente emocional (QE) revelou a importância de lidar com as emoções. Hoje, a ciência aponta um terceiro quociente, o da inteligência espiritual (QS), que seria primordial para lidar com questões essenciais. A física e filósofa americana Dana Zohar, em seu livro *QS – Inteligência Espiritual*, explora a existência desse terceiro tipo de inteligência, sugerindo que esta pode expandir os horizontes das pessoas, tornando-as mais criativas e impulsionando sua busca por um significado para a vida.

Baseando-se em pesquisas recentes sobre o "ponto de Deus" no cérebro, que supostamente é responsável pelas experiências espirituais, Dana destaca a atual baixa inteligência espiritual na sociedade moderna, mas propõe que é possível elevar esse quociente espiritual coletivo.

Sob outra ótica, é pertinente considerar as inúmeras possibilidades que a mente humana pode alcançar, sem nunca exaurir sua capacidade de compreensão, conforme pesquisas e conhecimentos.

> *"Nem o QI nem o QE, separadamente ou combinados, são suficientes para explicar a enorme complexidade da inteligência humana nem a riqueza imensa da alma do homem e de sua imaginação. [...] O QS permite que seres humanos sejam criativos, mudem as regras, alterem situações. O QS dá-nos capacidade de escolher. Dá-nos senso moral, a capacidade de temperar normas rígidas com compreensão e compaixão e igual capacidade de saber quando a compaixão e a compreensão chegaram a seus limites. Usamos o QS (Quociente Espiritual) para lutar com questões acerca do bem e do mal e imaginar possibilidades irrealizadas – sonhar, aspirar, nos erguermos da lama."*
>
> Zohar; Marshal (2012, p. 19)

Daniel Goleman, o teórico do quociente emocional, fala das emoções. Inteligência espiritual fala da alma. O quociente espiritual tem a ver com o que uma coisa significa para mim, e não apenas como esta afeta minha emoção e como reajo a isso. A espiritualidade sempre esteve presente na história da humanidade.

A educação no século XXI enfrenta o desafio de preparar não apenas mentes brilhantes, mas também corações compassivos e espíritos resilientes. Nesse contexto, a noção de QS emerge como um elemento vital a ser incorporado ao currículo educacional. O QS engloba a capacidade de compreender a si mesmo e aos outros, desenvolver significado e propósito, lidar com desafios de forma ética e manter um senso de conexão com o mundo ao redor.

Integrar o QS à educação significa nutrir a consciência, a compaixão e a busca pelo significado, preparando os alunos para enfrentar os desafios emocionais e éticos da vida. Isso pode ser alcançado por meio de práticas de atenção plena, educação emocional, estudos sobre ética e moral e oportunidades para reflexão e serviço à comunidade.

A conscientização dos profissionais de todas as áreas que cuidam do público infantojuvenil em relação à educação atual é de extrema importância. Com a evolução das necessidades e desafios enfrentados pelas crianças no século XXI, é essencial que os profissionais estejam cientes das demandas educacionais contemporâneas. Isso inclui atualizarem-se sobre as melhores práticas pedagógicas, a importância do desenvolvimento socioemocional, a integração de tecnologia de forma responsável no processo educativo, além de compreender a relevância do QS e seu impacto no bem-estar geral das crianças. A conscientização dos profissionais em relação à educação atual não apenas os capacita a oferecer melhor suporte às crianças, mas também contribui para a evolução contínua do ambiente educacional e do cuidado infantil, promovendo experiências mais enriquecedoras e positivas para o desenvolvimento das novas gerações.

Pedagogicamente, a estimulação do QS pode ser alcançada por meio de abordagens que promovam a reflexão, o autoconhecimento e a compaixão. Aqui. estão algumas estratégias para estimular o QS na educação:

1. Currículo reflexivo: incorporar ao currículo práticas de reflexão e autoavaliação, de modo a promover a conscientização e a compreensão de si mesmo e dos outros.
2. Educação emocional: integrar programas de educação emocional que visem a compreensão das emoções, a regulação emocional e a sintonia em relação aos outros.
3. Aprendizado experiencial: proporcionar oportunidades para atividades práticas, como projetos de serviço à comunidade, que estimulem a compaixão e o desenvolvimento do senso de propósito.
4. Diálogo e debate: incentivar discussões éticas e filosóficas em sala de aula, permitindo que os alunos explorem questões relacionadas com moralidade, justiça e propósito.
5. Desenvolvimento de valores: incorporar a discussão e a prática de valores como compaixão, respeito, responsabilidade e integridade no ambiente educacional.
6. Mentoria e aconselhamento: oferecer programas de mentoria e aconselhamento que incentivem o desenvolvimento pessoal, a tomada de decisões éticas e a compreensão de si mesmo.

ANOTE!

Essas estratégias podem estimular pedagogicamente o QS, equipando os alunos com as ferramentas necessárias para uma compreensão mais profunda de si mesmos, dos outros e do mundo ao redor.

Quando analisamos o altruísmo como um comportamento passível de aprendizagem, é imperativo considerar a infância um período primordial para essa aquisição, já que é nesse estágio que a criança, por meio de suas interações, estabelecerá seus primeiros modelos de conduta em diferentes situações. À medida que se envolve em interações sociais cada vez mais complexas, ela enfrenta novos desafios comportamentais, sustentada por sua habilidade de discernir sinais sociais na tomada de decisões altruístas, especialmente quando o reconhecimento e a atribuição de valores são possíveis (Bijou, 1995; Schlinger, 1995; Leimgruber e colaboradores, 2012; (Sampaio, Carmino, 2017).

Estudos indicam que, mesmo antes dos 2 anos de idade, as crianças podem demonstrar senso de justiça que impacta diretamente suas ações e que, conforme são influenciadas por estímulos contextuais, podem desenvolver comportamentos altruístas. Além disso, há evidências de que a aprendizagem de tais comportamentos pode atuar como um mecanismo preventivo de problemas de comportamento, já que comportamentos altruístas podem mitigar tendências antissociais. É importante ressaltar que a empatia desempenha papel fundamental no comportamento altruísta e crianças empáticas, capazes de agir em prol de terceiros, tendem a apresentar melhor desenvolvimento social e menor propensão a problemas comportamentais (Barragan; Dweck, 2014; Sabbag, 2017; Flouri; Sarmadi, 2015).

O comportamento altruísta beneficia tanto o indivíduo como o grupo, uma vez que capacita as crianças a desenvolverem sensibilidade às necessidades umas das outras. Isso promove atitudes solidárias e respeitosas, enriquecendo as relações com qualidade e afeto, promovendo a sobrevivência tanto da espécie como da cultura, especialmente de uma cultura baseada em valores solidários. O ensino de comportamentos morais prepara o indivíduo para uma convivência harmoniosa na sociedade e, mais do que isso, é resultado de uma história educacional que pode ser cuidadosamente planejada. Talvez o aspecto mais valioso e desafiador de tudo o que foi discutido até aqui seja a possibilidade de aprendizagem, o que convida educadores e familiares a agir ativamente, adotando práticas que busquem esse objetivo.

Altruismo e espiritualidade juntos na educação podem:

- Promover valores como compaixão, empatia e serviço ao próximo.
- Contribuir para o desenvolvimento de uma comunidade escolar mais inclusiva, solidária e empática.
- Moldar um ambiente educacional que nutre um senso de coletividade, responsabilidade social e respeito mútuo.
- Inspirar educadores a modelar e promover tais valores, incentivando os alunos a considerarem não apenas seu próprio crescimento individual, mas também o bem-estar e a contribuição para a coletividade.
- Desempenhar um papel transformador na formação de uma educação centrada no humanismo e na compreensão das necessidades dos outros.

Adentrar o terceiro milênio nos convida a compreender que a vida já não pode se limitar a uma perspectiva unicamente materialista. A ciência contemporânea tem enriquecido nossa visão sobre o ser humano e seu desenvolvimento.

Assim, abraçamos, nesse contexto, um novo paradigma que busca abranger um aprendizado mais profundo, incorporando o desenvolvimento da espiritualidade por meio da educação fundamentada em valores primordiais das relações humanas: respeito, diálogo, ética e reflexão. Necessitamos fomentar uma educação que acolha aspectos essenciais da existência humana, reformulando nossa percepção de consciência e realidade.

Os ambientes educacionais e os educadores devem se renovar nessa jornada em busca de uma abordagem que privilegie o cultivo da espiritualidade como elemento intrínseco à condição humana. Esse caminho visa promover uma vida mais significativa, menos superficial e destituída de sentido, valorizando a ética em todas as dimensões das relações humanas.

PARÁBOLA

Semeando compaixão, colhendo sabedoria

Fonte: Acervo da autoria do capítulo.

A metáfora representa a jornada da autoconsciência na busca por um crescimento significativo na vida profissional. Assim como o semeador cultiva, cuida e colhe, o médico demonstra compaixão e zelo, e em troca, recebe conhecimento que vem da alma, nutrindo uma jornada de aprendizado e enriquecimento mútuo.

Numa vila remota, havia um sábio médico conhecido por sua compaixão e dedicação no cuidado às crianças da comunidade. Ele era como um semeador, plantando compaixão e zelo em seu trabalho e colhendo conhecimento que brotava da alma.

No curso de sua jornada, percebeu que a prática da Medicina vai além da aplicação de remédios e tratamentos físicos. Assim como as sementes plantadas no solo fértil crescem e as raízes se fortalecem, a interação atenciosa e compassiva com as crianças solidifica uma base de confiança e de bem-estar emocional.

As crianças, por sua vez, absorviam não apenas os cuidados do médico, mas também a compaixão e o zelo demonstrados em cada interação. Como resultado, elas floresciam, transformando as sementes plantadas em um conhecimento vindo da alma, criando um ambiente de aprendizado e cura para todos.

Referências

1. Atson JB. Clássico traduzido: a psicologia como o behaviorista a vê. Temas psicol., Ribeirão Preto, v. 16, n. 2, p. 289-30, 2008. Disponível em <http://pepsic.bvsalud.org/scielo.php?script=sci_arttext&pid=S1413-389X2008000200011&lng=pt&nrm=iso>. Acesso em: 1 set. 2023.
2. Barragan R, Dweck CS. Rethinking natural altruism: simple reciprocal interactions trigger children's benevolence. Proceedings of the National Academy of Sciences of the United States of America, 111(48), 17071-17074; 2014. https://doi.org/10.1073/pnas.1419408111.
3. Beck JS. Terapia cognitivo-comportamental. Porto Alegre: Artmed, 2013.
4. Bijou SW. Behavior analysis of child development. Reno: Context Press, 1995.
5. Carlotto MS, Gobbi MD. Síndrome de burnout: um problema do indivíduo ou do seu contexto de trabalho. Aletheia, n. 10, p. 103-114, 1999.
6. Davidson R, Goleman D. A ciência da meditação. Rio de Janeiro: Objetiva, 2017.
7. Flouri E, Sarmadi Z. Prosocial behavior and childhood trajectories of internalizing and externalizing problems: the role of neighborhood and school contexts. Developmental Psychology, 52 (2), 253-258. https://doi.org/10.1037/dev0000076.
8. Goleman DJ. The meditative mind: the varieties of meditative experience. New York: G.P. Putnams Sons, 1988.
9. Gomes AA, Melchiori LE. A Teoria do apego no contexto da produção científica contemporânea. São Paulo: Cultura Acadêmica, 2011.
10. Jung CG. Obras completas de CG Jung: psicologia do inconsciente; O eu e o inconsciente. Estudos sobre psicologia analítica. Petrópolis: Vozes, 1981.
11. Kabaty-Zinn J. 2005. Coming to our senses. Healing ourselves and the world through mindfulness. New York: Hyperion, 2005; 601p.
12. Leimgruber KL, Shaw L, Santos LR, Olson KR. Young children are more generous when others are aware of their actions. Plos ONE, 7(10), 1-8; 2012. https://doi.org/10.1371/journal.pone.0048292.
13. Newberg A, Pourdehnad M, Alavi A, d'Aquili EG. Cerebral blood flow during meditative prayer: preliminary findings and methodological issues. Percept Mot Skills. 2003;97:625-30.
14. Orstein R, Sally. GOD 4.0. Temos dois modos de cognição. O modo 1 é a percepção normal de tempo e espaço. O modo 2 permite uma percepção ampliada ligada a criatividade e inovação.
15. Sabbag GM. Práticas educativas maternas e comportamento pró-social infantil (Tese). Doutorado em pela Faculdade de Psicologia da Universidade Federal de Santa Catarina. Florianópolis, 2017. https://repositorio.ufsc.br/xmlui/bitstream/handle/123456789/180430/348089.pdf?sequence=1&isAllowed=y.
16. Salomoni SR. Casal em foco – um olhar clínico, abrangente e integrativo. Brasília: TramaClinic Edições, 2017.

17. Sampaio LR, Carmino CPS. Ajudar o próximo ou ser recompensado? Comportamento distributivo infantil em situações envolvendo mérito e altruísmo. Psico, 48(3), 186-194. https://doi.org/10.15448//1980-8623.2017.3.25746.

18. Schlinger JHD. A behavior analytic view of child development. Nova York: Plenum Press, 1995.

19. Sheldrake R. Ciência sem dogmas – a nova revolução científica e o fim do paradigma materialista. Tradução de Mirtes Frange de Oliveira Pinheiro. São Paulo: Cultrix, 2014.

20. Wilson R, Branch R. Terapia cognitivo-comportamental leigos. Rio de Janeiro: Alta Books, 2012.

21. Zohar D, Marshall I. QS: inteligência espiritual. Tradução Ruy Jungmann. Rio de Janeiro: Viva livros, 2012.

Parte II

Ciência e espiritualidade na primeira infância

Capítulo

2

Importância do vínculo familiar e da espiritualidade na formação da criança

Construindo bases sólidas para o seu crescimento e desenvolvimento

Alexandre Serafim

Neuropediatra. Professor Assistente da Disciplina de Pediatria e Professor Coordenador da Disciplina de Medicina e Espiritualidade do Departamento de Medicina da Universidade de Taubaté (Unitau).

Joshua Sparrow

Executive Director, Brazelton Touchpoints Center. Associate Clinical Professor at Boston Children's Hospital, Harvard Medical School Brazelton Touchpoints Center Yale University School of Medicine.

Clarice Gonzaga

Mestre em Engenharia de Produção – Mídia/Conhecimento. Autora do Projeto de Odontoeducação – Indexado no Plano Nacional pela Primeira Infância. Odontopediatra. Membro do Núcleo de Estudo em Espiritualidade da Criança e Adolescente da Sociedade de Pediatria de São Paulo (SPSP). Coordenadora do Núcleo de Estudo em Espiritualidade da Criança e Adolescente Aboped: Regional-Go. Cursando Pós-Graduação em Espiritualidade na Prática Clínica – F. E. – Juiz de Fora, MG; Capelã – Confecap.

Os vínculos familiares na primeira infância são fundamentais para o bom desenvolvimento físico e mental da criança (Abuchaim; Lerner, 2016). Para tanto, os adultos que compõem uma família devem ser a fonte de segurança e acolhimento da criança na formação de bases solidas e seguras.

A ciência demonstra que os períodos gestacional, da concepção ao nascimento, e o da primeira infância, a qual engloba os 6 primeiros anos de vida da criança, são fundamentais para o bom desenvolvimento da saúde física e mental do ser. É no tempo compreendido por esses dois períodos que se efetiva a maior parte do desenvolvimento do sistema nervoso (Bosarti e colaboradores, 2019, p. 225-233). Nessa fase do desenvolvimento humano, ocorrem importantes processos que evolvem desde a proliferação, migração, diferenciação e organização das células nervosas até o processamento das informações recebidas que influenciam diretamente a formação de conexões denominadas "sinapses" entre os próprios neurônios e destes com outras células que formam o tecido cerebral (Uziel, 2008, p. 89-109; Volpe, 2008, p. 51-118). Trata-se de uma época da vida extremamente delicada, visto que o cérebro é dotado de interessante mecanismo de reorganização, adaptação e ajuste de funções de acordo com estímulos recebidos, sejam eles nocivos, sejam eles agradáveis. Essa característica, batizada de "plasticidade cerebral", mostra como o cérebro, mesmo após sofrer alguma lesão ou dano, tem a capacidade de reorganização, além de se moldar a situações ambientais; podendo toda essa estruturação ser alterada de acordo com os estímulos recebidos, principalmente no ambiente familiar (Lent, 2008; Kandel, 2014).

Nesse período, oferecer a criança um bom aprendizado sobre socialização e afetividade gera as condições necessárias para impactos positivos futuros na sua formação, permitindo maior ajuste social e menor propensão à criminalidade, ao uso de drogas, ao adoecimento físico ou mental (Santos e colaboradores, 2015).

Fato interessante e que pode impactar no desenvolvimento da criança surgiu após os resultados do mapeamento genético humano, o Projeto Genoma, o qual mostrou uma quantidade de genes muito menor do que se previa, de aproximadamente 25 mil genes. Os pesquisadores também se surpreenderam ao observar que organismos mais primitivos que o ser humano tinha um número maior de genes. Esse fato propiciou que os cientistas considerassem que o determinismo genético não era suficiente para definir a complexidade do ser humano e que seria necessário pesquisar o que de fato estaria regulando os nossos genes (Moraes; Goes, 2016).

Surge, então, na ciência, a Epigenética, que acrescenta novas perspectivas nessa relação, onde fatores ambientais e comportamentos sociais, podendo inferir nesse sentido, o estado emocional da família que, a partir de mecanismos epigenéticos, poderá causar alterações na expressão gênica do indivíduo em formação, com possibilidade de distúrbios orgânicos ou até psíquicos (Lester; Marsit, 2018, p. 321-333). Pela Epigenética, o ambiente doméstico e a forma como os pais se relacionam, os exemplos que estes oferecem, os critérios de higiene e alimentação são fatores que poderão auxiliar ou prejudicar o desenvolvimento da criança e, consequentemente, sua vida futura (Miguel e colaboradores, 2019, p. 1127-1133).

Esses fatores epigenéticos podem estar presentes desde o período gestacional. Estudos recentes sobre psiquismo fetal vêm demonstrando como o feto pode sofrer interferências do meio (Azevedo, 2012, p. 64-69). Gestantes em estados emocionais alterados produzirão hormônios ou substâncias relacionadas ao estresse, as quais podem passar ativamente pela placenta, chegando ao seu bebê em formação. Esses estudos com base na vitalidade fetal registrada pela ultrassonografia morfológica verificam alterações na frequência cardíaca, expressão facial (Figura 2.1) e agitação motora; o que demonstra como fatores ambientais que afetam as futuras mães poderão ter ação direta sobre o comportamento fetal (Aboellail, 2017, p. 729-736; Kadic; Kurjac, 2017, p. 181-189).

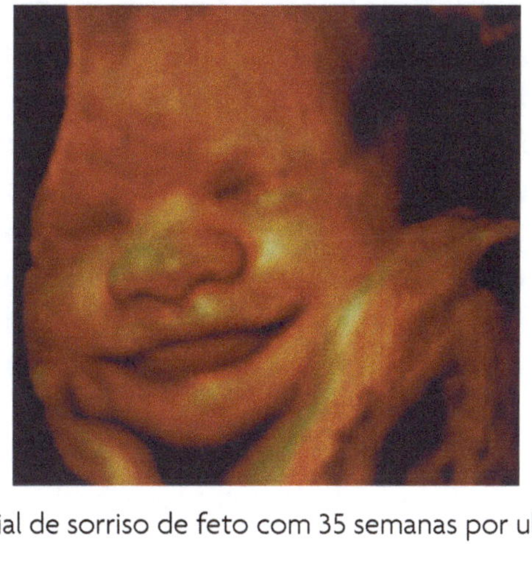

Figura 2.1. Expressão facial de sorriso de feto com 35 semanas por ultrassonografia em 4D.
Fonte: Kardic, 2017, p. 187.

Não podemos deixar de citar a importância do pai, pois o seu desequilíbrio comportamental ou emocional poderá afetar a gestante e as vibrações do ambiente doméstico, cujas consequências poderão ser as mesmas citadas anteriormente.

Após o nascimento, no acompanhamento de bebês sujeitos a um ambiente mais estressor durante a gestação, foi contatada maior frequência de transtornos comportamentais em relação aos bebês cujas mães, no mesmo período, mantiveram comportamento mais tranquilo e equilibrado (Walsh e colaboradores, 2019, p. 23996-24005). Essa pesquisa comprova que, no período intrauterino, a saúde do bebê tem importante relação com a saúde mental da mãe, podendo repercutir na vida dessa criança após seu nascimento.

Estes fatores abordados pela Epigenética geram modificações na expressão gênica, mesmo que a sequência do código genético esteja preservada, além da possibilidade de serem transmitidas às gerações seguintes (Waterland e Jirtle, 2003). Um trabalho científico publicado em janeiro de 2020 mostrou alteração na expressão de genes alelos codificadores da dopamina, importante neurotransmissor do sistema nervoso para manutenção do estado de alerta e motivação (Kandel, 2014, p. 256-271), em crianças cujas mães tinham o hábito de ler para os filhos desde o primeiro ano de vida. Esse mesmo estudo evidenciou que essas crianças tiveram maior facilidade no desenvolvimento da fala e da aprendizagem, além de melhor motivação para as atividades diárias e comportamento social mais ajustado as questões da vida diária, tanto familiar com escolar. (Jimenez, 2020, p. 189-196).

Na primeira infância, estudos em neurodesenvolvimento mostram que o cérebro da criança praticamente triplica de tamanho nos primeiros 6 anos (Figura 2.2) e todas as áreas associadas às percepções sensoriais e à atividade cognitiva já estão prontas para receber e formular conceitos (Ré, 2011, p. 55-67). Ou seja, é um período extremamente importante de formação do tecido cerebral. Lembrando que, nesse período ainda há diferenciação, organização e conexões das células que comporão o sistema nervoso, além da produção de neurotransmissores e hormônios, que devem estar em equilíbrio para sua plena função. Lembrando também a plasticidade cerebral, na qual a Neurociência observa que o cérebro em desenvolvimento se amolda às necessidades do ambiente e aos estímulos recebidos (Audette, 2019, p. 277-291) e pode ser afetada de forma prejudicial pelos estímulos de um meio nocivo. Sabe-se atualmente que esses estímulos adversos podem aumentar os níveis de substâncias inflamatórias no sangue, como citoquinas e interleucinas, facilitando a agressão aos frágeis tecidos do organismo de uma criança em desenvolvimento (Jiang, 2017, p. 974-979).

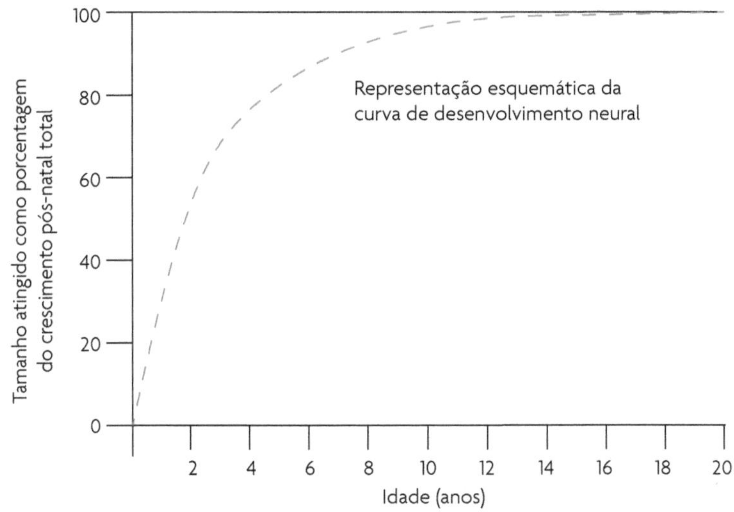

Figura 2.2. Crescimento cerebral.
Fonte: Ré, 2011, p. 57.

Nos primeiros 6 anos da infância, todos os estímulos estão sendo ativamente observados e analisados pela criança, nada passa desapercebido. O comportamento dos pais e demais cuidadores, respostas a questionamentos, a forma como as pessoas de seu convívio se relacionam e, principalmente, o tempo que disponibilizam para a vida familiar e como ela se processa. Sendo uma época de rápida formação da estrutura cerebral, todas essas influências farão estímulos mais intensos e persistentes determinarem conexões mais fortes e duradouras, o que pode influenciar o pequeno ser em sua vida futura (Irwin, 2007). Assim, atitudes e comportamentos na conexão familiar terão relação direta com os estímulos recebidos na infância (Brazelton; Greenspan; 2002). Nesse contexto, também podemos considerar, como mecanismos epigenéticos, as questões socioeconômicas que impactam a família; por vezes, diminuindo o tempo de convívio e a devida atenção ao desenvolvimento dos filhos (Sparrow, 2016).

Ainda quanto a aspectos da Biologia Celular, as pesquisas em células-tronco e clonagem mostraram que as células sobrevivem e se diferenciam de acordo com o meio que as cerca e que as mudanças neste interferem na estrutura celular. Ou seja, a ciência conclui que a vida da célula depende do ambiente e não do código genético inserido no DNA (ácido desoxirribonucleico), o qual seria um mero operário que, a depender dos estímulos recebidos do ambiente, emite um código por intermédio do

RNA mensageiro (ácido ribonucleico) para produção das substâncias necessárias à sobrevida da célula (Lipton, 2007). Estudos confirmam que as variações ambientais são os verdadeiros causadores do determinismo genético, o que corrobora o que a Epigenética postula. Dessa forma, podemos inferir que as células em desenvolvimento no corpo de uma criança responderão aos comandos do ambiente e hábitos da família (Fredrickson; Grewen e colaboradores, 2013).

Outra área da ciência que pode ser aplicada às relações do ambiente familiar e ao desenvolvimento da criança, é a Física das Partículas. Estudos recentes dessa interessante ciência demonstraram que as estruturas que formam os átomos (prótons, nêutrons e elétrons) não são as menores partículas possíveis, estas são formadas por estruturas ainda menores, as quais podem ser formadas por outras menores ainda; chegando essa teoria ao ponto de não conseguir definir a linha divisória entre matéria e energia. Provavelmente, Albert Einstein estava certo quando elaborou a teoria de que os diversos estados de uma matéria seriam, na verdade, estados diferentes de condensação de energia (Ross, 2019, p. 1-10).

Dessa forma, ao se decomporem os tecidos que formam os diversos órgãos organismo humano, obtêm-se as moléculas que se agrupam para formar esses tecidos. Essas moléculas, por sua vez, são formadas por agrupamentos de átomos cujas partes infinitesimais são energia que se altera de acordo com energias atuantes. Por exemplo, a energia em forma de ondas eletromagnéticas produzidas pelos pensamentos percorre não apenas a estrutura física da pessoa que os produz, mas também se dissipam no ambiente, interagindo com outras energias circulantes. Um estudo interessante sobre esse fato correlacionou sentimento com mudanças na estrutura do DNA. A partir de emoções provocadas nos participantes da pesquisa, ocorriam mudanças na atividade eletromagnética cardíaca concomitantes a diferentes curvaturas na dupla hélice do DNA observadas por microscopia (Rein, 1993; Rein, 2004, p. 59-68). Imaginemos todo esse processo em um jovem organismo durante sua formação.

Aprofundando-nos um pouco mais no assunto, poderemos entender a importância desse processo para o desenvolvimento da criança. Primeiramente, vamos a um dos conceitos da Física Quântica que demonstra que, no momento em que uma energia atua sobre os elétrons que circulam ao redor do núcleo do átomo, eles se descolam para camadas mais externas, retornando ao seu estado anterior quando a energia atuante cessa ou escapando da órbita do átomo quando a energia é muito intensa. Os cientistas observaram que, nesse processo, há liberação de energia em forma de fótons. Esse fenômeno foi batizado de "salto quântico" (Goswami, 2007, p. 43-68).

Quando esse fenômeno ocorre, há mudanças no estado vibracional do átomo e, consequentemente, na estrutura molecular à qual pertence. É possível verificar esse processo facilmente quando aquecemos a água. Quando incide sobre a molécula da água uma energia calorífera suficientemente intensa, esta modificará o estado vibracional dos átomos da água, consequentemente alterando a condensação molecular para estado mais vaporoso; porém sem que a água deixe de ser água.

Lembrando que mais da metade da composição corporal humana é de água e, na criança, essa proporção é ainda maior. Lembrando também que sensações e sentimentos humanos carreados pelos pensamentos geram atividade eletromagnética. Assim, a ciência demonstra que a anatomia humana é energética, de característica sutil, que pode ser expandida e medida por equipamentos específicos (Gerber, 2016, p. 126-130); e, uma vez energia, poderá alterar as vibrações dos átomos do corpo humano, consequentemente a atividade funcional das moléculas que formam nossos tecidos e órgãos físicos, Esse conhecimento dá uma nova ideia sobre mecanismos de adoecimento. Podemos concluir que o estado psíquico dos integrantes de uma família poderá afetar a saúde das crianças criadas por ela.

Como mecanismo de organização e equilíbrio no ambiente familiar e, consequentemente, na saúde integral da criança, existe a espiritualidade. Com o emprego de técnicas de imagem cerebral, tanto por ressonância magnética funcional como por tomografia por emissão de fótons, estudos sobre prece e meditação estão demonstrando um circuito cerebral diretamente relacionado à espiritualidade, com áreas cerebrais que se ativam tanto no momento da prece como quando se medita (Mohandas, 2008, p. 63-80; Newberg, 2015, p. 214-220). Esse simples mecanismo de realizar uma prece, quando realizado com profundo amor e devotamento, modificará totalmente o padrão vibratório do lar. A gestante, ao realizar essa importante conexão com energias mais sublimes, mudará seu perfil bioquímico e hormonal, liberando, em sua corrente sanguínea, substâncias calmantes e regeneradoras

(Acevedo-Rodrigues, 2015, artigo 160; Cappelan, 2016, p. 1579-1587) que possivelmente chegarão ao feto em desenvolvimento. Quanto à dimensão espiritual, a mãe em prece emitirá energias pelo seu pensamento, por meio de ondas eletromagnéticas de vibrações mais positivas e tranquilizantes, ao seu bebê em formação.

A revelação de que a vontade por intermédio do pensamento gera vibrações positivas ou negativas, em forma de ondas eletromagnéticas que se dissipam pelo ambiente e interferem na matéria, alerta para a forma como a higiene mental e a busca de um equilíbrio espiritual no ambiente familiar são extremamente benéficas ao desenvolvimento saudável da criança.

Nesse sentido, a prática da prece e a educação espiritual no lar trarão benefícios, principalmente na primeira infância, quando causarão no cérebro em desenvolvimento impressões positivas que o influenciarão ao longo da nova existência. Um interessante trabalho publicado no *Journal of Happiness* demonstrou que crianças, as quais, na primeira infância, receberam orientação espiritual e foram precocemente iniciadas em trabalhos voluntários, vivenciando comportamentos altruístas, tornaram-se adolescentes mais felizes e com melhor convívio social (Holder, 2010, p. 131-150).

Quando nos voltamos à observação da prece, exclusivamente em relação às crianças, surpreendemo-nos com a importância que esse simples ato tem para elas. Estudos observam que a prece fornece importante mecanismo de enfrentamento e equilíbrio emocional (Koenig, 2005), principalmente em situações de agravo no estado de saúde ou nas sensações de medo por variados motivos, principalmente à noite, na hora de dormir. Observa-se que há uma importante relação entre a religiosidade e a espiritualidade da família no que diz respeito à criança que busca a prece como apoio em situações adversas.

Unindo todas essas informações, começamos a descortinar que desde a infância, o equilíbrio emocional, o enfrentamento das adversidades e melhor saúde física e mental podem ser influenciados por aspectos espirituais. Assim como mecanismos de adoecimento do corpo e da mente estão diretamente relacionados ao estresse (Koenig, 2012).

Apesar de o tema espiritualidade/religiosidade não ser totalmente aceito na comunidade cientifica, não devemos desprezar essas questões para a saúde física e mental da primeira infância, mas sim voltarmos nossa atenção ao estudo desse assunto e a sua importância na conexão familiar.

Um olhar na educação

Figura 2.3. Aprendizagem equilibrada.
Fonte: Acervo da autoria do capítulo.

Neste capítulo, pudemos observar que os estímulos recebidos e as necessidades do ambiente afetam o neurodesenvolvimento da criança. Uma vez que a plasticidade cerebral pode ser afetada de forma benéfica pelos estímulos de um meio amoroso, afetuoso e seguro, o meio ambiente afeta o processo de aprendizagem e desenvolvimento emocional infantil.

Os pais, mães e educadores devem estar cientes da importância do ambiente social e das interações sociais no desenvolvimento e aprendizagem da criança. A seguir, algumas informações que eles devem ter:

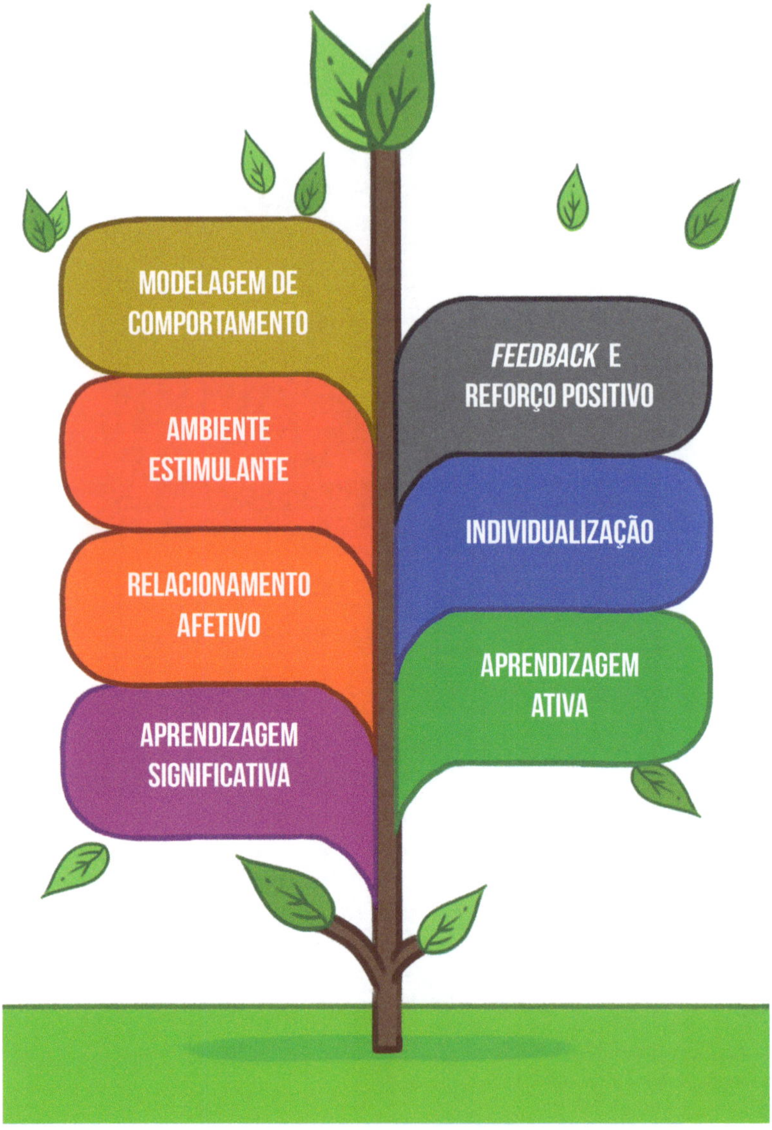

1. Modelagem de comportamento: as crianças aprendem observando e imitando o comportamento dos adultos e os modelos de referência ao seu redor. Portanto, os pais e educadores devem ser conscientes de seus próprios comportamentos e ser modelos positivos para as crianças.
2. Ambiente estimulante: é importante proporcionar um ambiente estimulante e interativo para as crianças em que elas possam

explorar, experimentar e aprender. Isso pode incluir brincadeiras, atividades práticas, jogos educativos e interações sociais.

3. Relacionamento afetivo: o relacionamento afetivo entre pais/educadores e crianças é fundamental para o desenvolvimento saudável. As crianças aprendem melhor quando se sentem seguras, amadas e apoiadas emocionalmente.
4. Aprendizagem significativa: os responsáveis pelas crianças e os educadores devem buscar promover a aprendizagem significativa, relacionando o novo conhecimento ao conhecimento prévio da criança. Isso pode ser feito por meio de conexões com experiências pessoais, exemplos concretos e aplicação prática do conhecimento.
5. *Feedback* e reforço positivo: é importante fornecer *feedback* e reforço positivo para as crianças, reconhecendo seus esforços e conquistas. Isso ajuda a motivá-las e a fortalecer sua autoestima.
6. Individualização: cada criança é única e tem seu próprio ritmo de desenvolvimento e aprendizagem. Pais, mães e educadores devem estar atentos às necessidades individuais de cada criança e adaptar as abordagens de ensino considerando a singularidade de cada criança.
7. Aprendizagem ativa: as crianças aprendem melhor quando estão ativamente envolvidas no processo de aprendizagem. Os adultos responsáveis e educadores devem incentivar a participação ativa das crianças, por meio de perguntas, discussões, atividades práticas e projetos.

A teoria de Bandura e Ausubel na educação e no desenvolvimento da criança enfatiza a importância do ambiente social e das interações sociais no processo de aprendizagem. Segundo Bandura, as crianças aprendem observando e imitando o comportamento dos outros, especialmente dos adultos e modelos de referência. Isso significa que o ambiente em que a criança está inserida desempenha um papel fundamental no seu desenvolvimento.

Por sua vez, Ausubel destaca a importância da aprendizagem significativa, que se processa quando o novo conhecimento é relacionado, de forma relevante, ao conhecimento prévio do aluno. Para Ausubel, a aprendizagem significativa é mais duradoura e significativa do que a aprendizagem mecânica, que se baseia apenas na memorização de informações.

Dessa forma, a educação com base nas teorias de Bandura e Ausubel busca proporcionar um ambiente estimulante e interativo em que as crianças possam observar e imitar comportamentos positivos, além de relacionar o novo conhecimento com o que já sabem. Isso contribui para seu desenvolvimento e crescimento e promove uma aprendizagem significativa e duradoura.

> *"O aprendizado é bidirecional: nós aprendemos com o meio e o meio aprende e se modifica graças às nossas ações."*
>
> Albert Bandura

No entanto, nada é tão intrincado, complexo e, ao mesmo tempo, fascinante que a mente de um aprendiz, que o cérebro de uma criança ou a própria disposição de um quando cria um comportamento ou adquire determinado aprendizado. Porque **nenhum de nós é uma simples caixa vazia para ser preenchida à base de pressões externas e condicionamentos.** As pessoas observam, imitam, desenvolvem-se em um meio social particular e, ao mesmo tempo, dispõem de determinados estados mentais que favorecem ou dificultam o aprendizado.

> *"As pessoas que têm pouca autoconfiança pensam que suas conquistas ocorrem devido a fatores externos, mais que devido às suas próprias competências ou habilidades."*
>
> Albert Bandura

RELEMBRAR!

É importante ressaltar que a imitação não se limita a comportamentos positivos. As crianças também podem imitar comportamentos negativos, como agressividade ou uso inadequado de palavras. Por isso, é fundamental que os adultos ao redor da criança sejam conscientes de seu papel como modelos e busquem transmitir valores e comportamentos positivos.

Assim, a aprendizagem por imitação dos pais ou de pessoas próximas é um processo natural e essencial para o desenvolvimento da criança. É por intermédio dessa observação e dessa reprodução de comportamentos que elas adquirem habilidades sociais, linguísticas e emocionais, moldando sua personalidade e forma de interagir com o mundo ao seu redor.

PARÁBOLA

As raízes da espiritualidade familiar

Fonte: Acervo da autoria do capítulo.

A metáfora da conexão familiar como um enigma encantado, onde cada membro da família torna-se uma peça essencial desse mistério. Assim como as peças de um enigma que se completam, formando um conjunto intrigante e harmonioso. Os momentos de amor e união entre eles são as peças visíveis, enquanto o crescimento espiritual representa as peças ocultas desse enigma, revelando um caminho de descobertas e evolução. A influência espiritual da família é a chave que desvenda os segredos desse enigma, que nutre a alma.

Havia uma família formada por Pedro, Ana e a Sofia. Eles moravam próximos a uma árvore frondosa, que simbolizava a força e a estabilidade que buscavam para o desenvolvimento da filha. Pedro, o pai, era como as raízes da árvore, proporcionando suporte e firmeza. Ana, a mãe, era como os galhos, estendendo-se com gentileza e proteção sobre Sofia.

As interações amorosas e os momentos compartilhados em família eram como as folhas da árvore, proporcionando sombra, abrigo e aconchego. Dessa forma, o crescimento e a formação de Sofia eram beneficiados pela conexão e harmonia que Pedro e Ana cultivavam em seu lar, criando um ambiente propício para a criança se desenvolver com segurança, confiança e amor.

À medida que Sofia crescia, as raízes, galhos e folhas da árvore da família se tornavam também asas espirituais, proporcionando um refúgio para sua alma, incentivando-a a buscar sua própria conexão espiritual. Assim, a influência espiritual da família fortaleceu a jornada interior de Sofia, nutrindo sua alma com valores, compaixão e uma profunda conexão com algo maior.

Essa simbiose entre a conexão familiar e a espiritualidade se entrelaçava na formação de Sofia, influenciando positivamente seu crescimento, fortalecendo sua identidade espiritual e alimentando sua alma com o amor, a união e a espiritualidade compartilhados entre Pedro, Ana e ela.

Referências

1. Aboellail MAM, Hata T. Fetal face as important indicator of fetal brain function. Journal of Perinatal Medicine, 45(6), p. 729-736, 2017.
2. Abuchaim B, Lerner R et al. Importância dos vínculos familiares na primeira infância. Comitê Científico do Núcleo pela infância. Fundação Maria Cecilia Souto Vidigal, 2016.
3. Acevedo-Rodriguez A, Mani SK, Handa RJ. Oxitocin and estrogen receptor-beta in the brain: on overview. Frontiers of Endocrinology, 6(160), p. 1-7, 2015.
4. Audette NJ, Bernhard SM, Ray A, Stewart LT, Barth AL. Rapid plasticity of higher-order thalamocortical inputs during sensory learning. Neuron, 103(2), p. 277-291, 2019.
5. Ausubel D. Teoría del aprendizaje significativo. Fascículos de CEIF, 1, p. 1-10, 1983.
6. Azevedo EC, Moreira MC. Psiquismo fetal: um olhar psicanalítico. Diaphora, Revista da Sociedade de Psicologia do Rio Grande do Sul, 12(2), p. 64-69, 2012.
7. Bandura A. Self-efficacy: the exercise of control. New York, NY: Freeman, 1997.
8. Bandura A. Social foundations of thought and action: a social cognitive theory. Englewood Cliffs, NJ: Prentice-Hall, 1986.
9. Bosarti E, Vedova AND, Rezzani R, Rodella LF, Cristini C. Correlation between human nervous system development and acquisition of fetal. An overview. Brain & Development, 41(3), p. 225-233, 2019.
10. Brazelton TB, Greenspan S. As necessidades essenciais das crianças: o que toda criança precisa para crescer, aprender e se desenvolver. Porto Alegre: Artmed,2002.
11. Cappelan PV, Way BM, Isgelt SF, Fredrickson BL. Effects of Oxitocin administration on spirituality and emocional responses to meditation. Social Cognitive and Affective Neuroscience, 11(10), p. 1579-1587, 2016.
12. Celedonio C. Seis enfoques psicoterapêuticos. México: Editorial El Manual Moderno, 2008.
13. Fredrickson BL, Grewer KM et al. A functional genomic perspective on human well-being. PNAS, aug. 13, 110(33), 2013.
14. Gerber R. Medicina Vibracional. Uma medicina para o futuro. São Paulo: Cultrix, p. 126-130, 2016.
15. Goswami A. O universo autoconsciente. Rio de Janeiro: Aleph, p. 43-68, 2007.
16. Holder MD, Coleman B, Wallace JM. Spirituality, reliousness, and happiness in children aged 8-12 years. Journal of Happiness Studies, 11, p. 131-150, 2010.
17. Irwin LG, Siddiqi A, Hertzman C. Early child development: a powerful equalizer. Final report to the World Health Organization's Commission on Social Determinants of Health. 2007. Disponível em: http//www.who.int/social_determinants/resources/ecd_kn_report_07_2007.pdf.
18. Jiang NM, Tofail F, Ma JZ, Haque R, Kinkpatrick B, Nelson CA et al. Early life inflammation and neurodevelopment outcome in Bangladeshi infants growing up in adversity. American Journal of tropical Medicine and Hygiene, 97(3), p. 974-979, 2017.

19. Jimenez ME, Reichman NE, Mitchell C, Schneper L, McLanahan S, Notterman DA. Shared reading at age 1 year an later vocabulary: a gene environment study. The Journal of Pediatrics, 216, p. 189-196, 2020.
20. Kandel ER, Schwartz JH, Jessel TM, Siegelbaum SA, Hudspeth AJ (eds.). Princípios de neurociências. Porto Alegre, AMGH Editora, 5. ed., p. 256-271, 2014.
21. Kardic AS, Kurjac A. Cognitive functions of the fetus. Ultraschall in der Medizini. European Journal of Ultrasound, 38, p. 181-189, 2017.
22. Koenig HG. Espiritualidade no cuidado com o paciente. São Paulo: Editorial Fé, 2005.
23. Koenig HG. Medicina, religião e saúde. Rio de Janeiro: L&PM, 2012.
24. Lent R. Neurociência da mente e comportamento. Rio de Janeiro: Guanabara Koogan, 2008.
25. Lester BM, Marsit CJ. Epigenectics mechanisms in the placenta related to infant neurodevelopment. Epigenomics, 10(3), p. 321-333, 2018.
26. Lipton BH. Biologia da crença. São Paulo: Butterfly; Capítulo 2, p. 61-89, 2007.
27. Miguel PM, Pereira LO, Silveira PP, Meany MJ. Early environment influence on the development of children's brain structure and function. Development medicine & Child neurology, 61(10), p. 1127-1133, 2019.
28. Miller RN. Methods of detecting and measuring healing energies. In: White J, Krippner S. Future science. Life energies and the physics of paranormal phenomena. Chapter 5, part 33, p. 431-444, 1977.
29. Mohandas E. Neurobiology of spirituality. Mens Sana Monographs, 6(1), p. 63-80, 2008.
30. Moraes F, Goes A. A decade of human genome project conclusion: scientific diffusion about our genome knowledge. Biochemistry and Molecular biology education; p. 215-223, 2016.
31. Moreira MA, Caballero MC, Rodríguez ML (org.). Actas del Encuentro Internacional sobre el Aprendizaje Significativo. Trad. de Maria Luz Rodríguez Palmero. Burgos, España. p. 19-44, 1997.
32. Newberg AB, Wintering NA, Yaden DB, Waldman MR, Reddin J, Alivi A. A case series study of neurophysiological effects of altered states of mind during intense Islamic prayer. Journal of Physiology-Paris, 109(4-6), p. 214-220, 2015.
33. Ré AHN. Crescimento, maturação e desenvolvimento na infância e adolescência: implicações para o esporte. Motricidade, 7(3), p. 55-67, 2011.
34. Rein G, McCraty R. Local and non-local effects of coherent heart frequencies on conformation changes of DNA. In: Proceedings of the joint USPA/IAPR. Psychotronics Conference, Milkawaukee, Wisconsin, 1993.
35. Rein G. Bioinformation within the biofield: beyond bioelectromagnetics. The Journal of Alternative and Complementary Medicine, 10(1), p. 59-68, 2004.
36. Ross CL. Energy medicine: current status. Global Advanced in Health and Medicine, 8, p. 1-10, 2019.

37. Santos D, Porto J, Lerner R et al. O impacto do desenvolvimento na primeira infância sobre a aprendizagem: estudo 1. São Paulo: Fundação Maria Cecília Souto Vidigal, 2015.

38. Sparrow J. Culture, community and context in child development. In: Oxford Scholarship Online, 2016. DOI: 10.1093/acprof:oso/9780190237790.0003.0017.

39. Uziel D. O desenvolvimento do cérebro e do comportamento. In: Lent, Roberto. Neurociência da mente e do comportamento. 2. ed. Rio de Janeiro: Guanabara Koogan, p. 89-109, 2008.

40. Volpi JJ. Neuronal proliferation, migration, organization, and myelination. In: Volpi, Joseph J. Neurology of newborn. 5. ed. Saunders, p. 51-118, 2008.

41. Vygotsky LS, Luria AR, Leontiev AN. Linguagem, desenvolvimento e aprendizagem. 11. ed. São Paulo: Ícone, 2010.

42. Vygotsky, Lev Semenovich. Pensamento e linguagem. [S.l]: Ed. Ridendo Castigat Mores, 2002. E-book. Disponível em: http.//www.ebooksbrasil.org/adobeebook/vigo.pdf. Acesso em: 17 jul. 2018.

43. Walsh K, McCormack CA, Webster R, Pinto A, Lee S, Feng T, Krakoussky S, O'Grady SM, Tycko B, Champagne FA, Werner EA, Liu G, Monk G. Maternal prenatal stress phenotypes associate with fetal neurodevelopment and birth outcomes. PNAS, 116(48), p. 23996-24005, 2019.

44. Waterland RA, Jirtle RL. Transposable elements: target for early nutricional effects on epigenetics gene regulation. Molecular and cellular biology; Aug. 2003, p. 5293-5300.

Capítulo

3

Acordes de elevação

Sintonia entre música, espiritualidade e desenvolvimento da criança

Luana Oliveira

Professora do Curso de Música da Universidade Federal de Juiz de Fora (UFJF). Atual Coordenadora do Bacharelado em Música e do Projeto Musicalização Infantil da UFJF. Atuou como Professora no Curso de Educação do Campo na Universidade Federal de Mato Grosso do Sul (UFMS). Graduação (2006) e Mestrado (2010) em Música pela Universidade Federal de Minas Gerais (UFMG). Doutora em Educação pelo Programa de Pós-Graduação na UFJF.

Clarice Gonzaga

Mestre em Engenharia de Produção – Mídia/Conhecimento. Autora do Projeto de Odontoeducação – Indexado no Plano Nacional pela Primeira Infância. Odontopediatra. Membro do Núcleo de Estudo em Espiritualidade da Criança e Adolescente da Sociedade de Pediatria de São Paulo (SPSP). Coordenadora do Núcleo de Estudo em Espiritualidade da Criança e Adolescente Aboped: Regional-Go. Cursando Pós-Graduação em Espiritualidade na Prática Clínica – F. E. – Juiz de Fora, MG; Capelã – Confecap.

Você sabia que os bebês também podem aprender música? A música estimula a expressão verbal e corporal, a coordenação motora, a socialização, o contato com a cultura e o fortalecimento dos vínculos afetivos, que são muito importantes para o desenvolvimento na primeira infância.

Figura 3.1.
Fonte: Acervo da autoria do capítulo.

São conhecidos como direitos de aprendizagem e desenvolvimento da criança:

- Conviver com outras crianças e adultos, em pequenos e grandes grupos, utilizando diferentes linguagens, ampliando o conhecimento de si e do outro e o respeito em relação à cultura e às diferenças entre as pessoas.
- Brincar cotidianamente de diversas formas, em diferentes espaços e tempos, com diferentes parceiros (crianças e adultos), ampliando e diversificando seu acesso a produções culturais, seus conhecimentos, sua imaginação, sua criatividade, suas experiências emocionais, corporais, sensoriais, expressivas, cognitivas, sociais e relacionais.
- Participar ativamente, com adultos e outras crianças, tanto do planejamento da gestão da escola e das atividades propostas pelo educador como da realização das atividades da vida cotidiana, a

exemplo da escolha das brincadeiras, dos materiais e dos ambientes, desenvolvendo diferentes linguagens e elaborando conhecimentos, decidindo e posicionando-se.

- Explorar movimentos, gestos, sons, formas, texturas, cores, palavras, emoções, transformações, relacionamentos, histórias, objetos, elementos da natureza, na escola e fora dela, ampliando seus saberes sobre a cultura, em suas diversas modalidades: as artes; a escrita; a ciência; e a tecnologia.
- Expressar, como sujeito dialógico, criativo e sensível, suas necessidades, emoções, sentimentos, dúvidas, hipóteses, descobertas, opiniões, questionamentos, por meio de diferentes linguagens.
- Conhecer-se e construir sua identidade pessoal, social e cultural, constituindo uma imagem positiva de si e de seus grupos de pertencimento, nas diversas experiências de cuidados, interações, brincadeiras e linguagens vivenciadas na instituição escolar e em seu contexto familiar e comunitário (Brasil, 2017, p. 36).

Nesse sentido, é possível perceber a presença da música em todos esses direitos: no conviver; no brincar; no explorar; no expressar; e no conhecer-se. A música perpassa toda a ação educativa prevista para a Educação Infantil, devendo ser explorada também como uma área de conhecimento e não somente como metodologia para o desenvolvimento de habilidades diversas.

Joly (2003, p. 116) reforça que a criança, por meio da brincadeira, "relaciona-se com o mundo que descobre a cada dia e é dessa forma que faz música: brincando. Sempre receptiva e curiosa, ela pesquisa materiais sonoros, inventa melodias e ouve com prazer a música de diferentes povos e lugares". Já Gordon (2000, p. 6) ressalta que:

> *"Por meio da música, as crianças aprendem a conhecer-se a si próprias, aos outros e à vida. E, o que é mais importante, por intermédio da música as crianças são mais capazes de desenvolver e sustentar a sua imaginação e criatividade ousada. Dado que não se passa um dia sem que, duma forma ou doutra, as crianças não ouçam ou participem em [sic] música, é-lhes vantajoso que a compreendam. Apenas então poderão aprender a apreciar, ouvir e participar na música que acham ser boa, e é através dessa percepção que a vida ganha mais sentido."*

Como nunca houve uma cultura humana sem a expressão sonora, sem a relação comunicativa com os sons, para Parizzi e Rodrigues (2020, p. 51), "[p]assar pela vida e não aprender música é negar à criança o aprimoramento de seu potencial humano: é negar à criança a compreensão de uma parte fundamental da cultura humana". Nesse sentido, defendem que a aprendizagem musical precoce tem o poder de promover o desenvolvimento pleno da criança, a partir da potencialização de suas habilidades e na atenuação das limitações motoras, cognitivas ou emocionais – no caso de crianças com desenvolvimento atípico.

Figura 3.2.
Fonte: Acervo da autoria do capítulo.

Parizzi e Rodrigues (2020, p. 47) enfatizam que a qualidade da orientação musical oferecida ao bebê logo após o nascimento é de suma importância. O contato precoce com música vai criar condições de que a criança não somente a compreenda, mas que participe ativamente comunicando suas próprias ideias musicais. Comparando com a aquisição da língua materna, que a criança adquire informalmente ao interagir com seus pais e com o seu contexto social, na preparação necessária para aprender as questões formais relativas à leitura e à escrita, as autoras reforçam que também musicalmente essa preparação é fundamental. É um período que cria uma base consistente que permitirá, depois, a sistematização do conhecimento musical que a instrução formal propiciará:

"A grande finalidade desta exposição precoce à música é, pois, criar condições para que a criança aprenda música como aprende a língua materna, e venha a ser capaz de pensar musicalmente. Para que venha a ser capaz de formular ideias musicais próprias podendo ir cada vez mais longe no âmbito da sua imaginação sonora, quer de trate de uma situação de audição musical, de execução de um instrumento, de improvisação, de composição, de leitura ou de escrita musical."

Parizzi; Rodrigues (2020, p. 48)

"Orientar musicalmente", para Parizzi e Rodrigues (2020), significa criar condições de estimular o bebê, proporcionando-lhe um meio rico musicalmente em que ele possa encontrar aquilo de que necessita para o seu desenvolvimento. Como se trata de bebês, o professor não deve preocupar-se em ensinar conceitos ou teoria musical, ideias presentes no senso comum a respeito do ensino de música, normalmente aceito como sinônimo de ensino da partitura (Pereira, 2013). Trata-se de proporcionar à criança a oportunidade de colecionar, explorar e ampliar o acervo do vocabulário musical de sua cultura, criando um repertório de memórias de sonoridades, alturas, ritmos, timbres, harmonias, texturas, caracteres expressivos, formas de organização, entre outros (Parizzi; Rodrigues, 2020, p. 52).

Susan Kenney (2008) contribui, nesse sentido, apresentando um quadro que sintetiza os comportamentos musicais das crianças, bem como sugestões do que pais, cuidadores e professores podem fazer para responder a essas situações e interagir nelas. Segundo a autora, isso contribuirá fortalecendo as conexões neurais e ajudando a construir uma forte base musical.

A autora corrobora o pensamento segundo o qual a base para todo o desenvolvimento musical futuro é construída nos primeiros anos de vida e sugere que os professores de música precisam encontrar formas de ajudar os pais e cuidadores a compreenderem os comportamentos musicais da criança, bem como a aprender estratégias para nutrir esse desenvolvimento musical:

"Quando os comportamentos musicais das crianças são celebrados, elas aprendem a valorizar o próprio fazer musical. Quando os adultos imitam seus sons musicais e fornecem modelos de canto, tocando instrumentos rítmicos simples e movendo-se ao som de músicas gravadas, as crianças aprendem a valorizar a música porque seus pais a adoram. À medida que os

> *bebês crescem, eles querem fazer o que veem os outros fazerem e desejam continuar a fazer música. Crianças de três anos que tiveram um ambiente musical rico tendem a cantar e responder à música em níveis mais sofisticados do que outras crianças de três anos que não cresceram nesses ambientes."*
>
> Kenney (2008, p. 32, tradução autoral).

Portanto, estabelecer com a criança momentos de interação com música trará benefícios incalculáveis para o seu desenvolvimento, pois música tem a capacidade de transformar experiências vividas em conhecimento mediante percepção.

Figura 3.3.
Fonte: Acervo da autoria do capítulo.

O bebê, as crianças bem pequenas e a música

De início, para contextualizar, é importante destacar que os bebês e crianças bem pequenas envolvidos nesse contexto se encontram entre o período da inteligência sensório-motora e o subperíodo das representações pré-operatórias; mais precisamente, no estádio do aparecimento da função simbólica e início da interiorização dos esquemas de ação em representações (Piaget, 2018, p. 210).

O período da inteligência sensório-motora se estende, aproximadamente, durante os 2 primeiros anos de vida. O que permite à criança conhecer e agir sobre sua realidade neste período, segundo Shaffer (2005) é a formação de esquemas comportamentais, que "são construídos através da organização e coordenação das informações sensoriais que ela recebe a partir de suas ações motoras na relação como mundo exterior" (Carneiro, 2006, p. 42).

Nesse período, explica Carneiro (2006, p. 42), a "reação do bebê ao meio exterior abrange desde uma mera reprodução submetida aos estímulos exteriores até uma profunda adaptação e organização de seus esquemas, refinando-os através da mobilidade, diferenciação e coordenações entre eles".

Carneiro explica, a partir de Hargreaves (1986), que "esquemas são estruturas cognitivas 'construídas' pelo indivíduo através das quais as informações sensoriais (os estímulos) são processadas e identificadas" (Carneiro, 2006, p. 37).

Swanwick (1994, p. 86) explica que o desenvolvimento da compreensão musical depende de dois processos complementares e interativos: "de poder relacionar dados experienciais aos nossos sistemas internos de significado (assimilação aos nossos esquemas), mas também de poder modificar esses sistemas quando eles deixarem de ser adequados para interpretar a experiência. e manter a coerência (acomodação)".

Em cada uma das quatro camadas do conhecimento musical observou-se uma polaridade entre tendências "assimiladoras" e "acomodatórias". Swanwick (1994) esclarece que esses termos são empregados "um tanto tecnicamente por Piaget", mas os conceitos fazem parte de sua experiência cotidiana, bem como da de Tillman, e é nesse sentido que este os emprega:

> *"Pegar as coisas como as encontramos pela primeira vez – assimilando-as diretamente à nossa visão do mundo – é o que venho chamando de processo intuitivo. A remodelação dessas estruturas interpretativas – acomodação – é fundamentalmente analítica."*

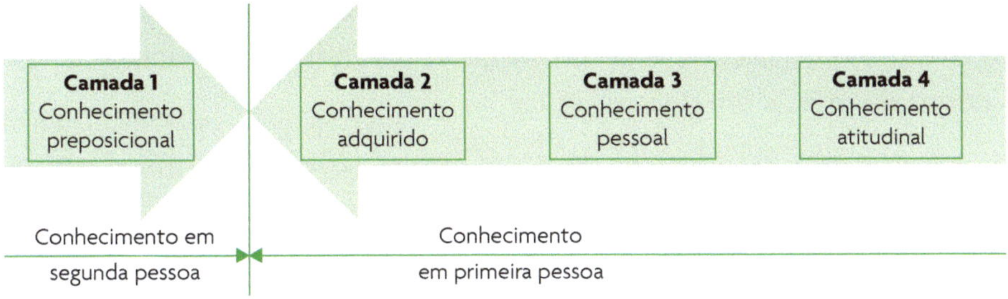

Figura 3.4. Modelo de Swanwick para o conhecimento musical.
Fonte: Swanwick (1994): Musical Knowledge: Intuition, analysis and music education. London: Routledge.

Swanwick (2016, p. 123) explica que "[o] desenvolvimento musical pode ser interpretado como consistindo de camadas cumulativas, cada uma trazendo uma qualidade adicional". O uso do termo "cumulativo" revela um diálogo com a teoria do desenvolvimento musical de Bamberger (1991), que sugere que pode haver fases com padrões de comportamento qualitativamente diferenciados. Segundo Swanwick (2016, p. 108), Bamberger enfatizou a permutabilidade de "níveis" em vez de uma sequência invariante. Logo, o sentido de cumulativo é que os focos de atenção entre aspectos relevantes da estrutura musical mudam, mas também se constroem cumulativamente uns sobre os outros.

Nos últimos 30 anos, tem-se observado uma profunda transformação no modo de ver o recém-nascido (Parizzi; Rodrigues, 2020, p. 15): o bebê tem sido considerado não mais como "pai do adulto", e sim em suas especificidades, como um ser extremamente capaz, dotado de um corpo que se expressa e que se comunica mesmo antes de nascer. Essa nova forma de se olhar o bebê acabou por transformar as concepções sobre a infância, que passa a ser entendida e estudada como um período importante em si mesmo.

O bebê, a partir de suas competências sensoriais, perceptivas e afetivas, é entendido como um ser altamente complexo e organizado, que está em condições e disponível para a construção de trocas e relações sociais. Entre suas múltiplas competências, Parizzi e Rodrigues (2020, p. 15) destacam a musicalidade inata do bebê, que é "vital para sua comunicação com o mundo e que se manifesta desde a vida intrauterina".

O contato com os sons vem desde a vida intrauterina, pois o bebê encontrava-se imerso em um ambiente sonoro, convivendo tanto com ruídos externos como com os sons interiores resultantes do funcionamento do corpo da mãe, além da voz desta.

A partir dos estudos de Parlato-Oliveira (2019) e Garnier-Deferre e Busnel (2011), Parizzi e Rodrigues (2020, p. 17) apontam que o feto já manifesta algum tipo de reação aos sons, mas com pouca responsividade, já a partir da 20ª semana de gestação. Essas reações ficam mais consistentes a partir da 26ª semana, quando o feto passa a reagir às palavras e à música provenientes do ambiente externo – especialmente aos sons de baixa frequência. A discriminação dos sons de alta frequência é observada por volta da 35ª semana.

Várias pesquisas vêm demonstrando as reações dos fetos à música (Ilari, 2006), à voz materna (Garnier-Deferre; Busnel, 2011) e aos sons dos instrumentos musicais (Garnier-Deferre; Busnel, 2011), demonstrando como a audição já se manifesta desde o útero materno.

Essa musicalidade inata do bebê precisa ser desenvolvida na cultura (Martinez, 2017), sendo fundamental um ambiente sonoro rico e estimulante, que atua na plasticidade cerebral, possibilitando a formação de novas conexões em resposta às experiências vivenciadas (Parizzi; Rodrigues, 2020, p. 21). Parizzi e Rodrigues destacam que diferentes partes do cérebro têm funções relativamente especializadas e que a experiência musical envolve simultaneamente muitas áreas diferentes do cérebro, integrando muitas funções cerebrais, como a percepção, a ação, a comunicação, a emoção e a memória. Segundo elas, é possível mesmo afirmar que o bebê "ouve vendo" e "vê ouvindo" (Parizzi; Rodrigues, 2020, p. 23).

Os contornos melódicos – presentes na música e no manhês (a forma típica como adultos e crianças mais velhas falam com os bebês) – constituem uma das características sonoras mais observadas pelos bebês, uma vez que estas carregam mensagens afetivas prontamente captadas por eles. Parizzi e Rodrigues (2020, p. 26) mostram, a partir de vários resultados de pesquisas, que os bebês percebem os sons e reagem a eles desde o período pré-natal:

> *"Já nascem com uma bagagem de memórias sonoromusicais; são sensíveis aos contrastes de altura, intensidade, duração, timbre; percebem alterações rítmicas e de alturas em melodias; alterações de andamento; percebem a quebra da regularidade de sequências rítmicas e a mesma melodia quando transposta; reconhecem frases musicais; e demonstram suas preferências musicais já desde o nascimento."*
>
> Parizzi; Rodrigues (2020, p. 26).

Essas autoras reforçam que ainda há muito o que saber sobre as capacidades dos bebês. Entretanto, já é possível afirmar que as "habilidades sonoromusicais inatas são essenciais para que o bebê se comunique, socialize-se, sobreviva e desenvolva-se" (Parizzi; Rodrigues, 2020, p. 27).

Ao abordar a Educação Musical no primeiro ano de vida, tendo em vista todas essas descobertas a respeito do bebê, Carneiro e Parizzi (2011, p. 95) apresentam dois conceitos que consideram fundantes: a parentalidade intuitiva; e a musicalidade comunicativa.

Para compreender esses conceitos, é importante considerar que o bebê manifesta, desde os primeiros instantes de vida, uma necessidade vital de interagir com o mundo e com as pessoas em sua volta e ele o faz a partir de "gestos visíveis e audíveis" do corpo, compartilhados tempos depois com a palavra (Trevarthen; Malloch, 2017; Trevarthen; Panksepp, 2016; Parizzi; Rodrigues, 2020).

Esse esforço que o bebê faz para se comunicar desde o nascimento é vital para sua sobrevivência e resulta de um impulso vital inato que pode ser nitidamente percebido nas formas de sua interação com outros seres humanos (Parizzi; Rodrigues, 2020, p. 28). Essas interações dão-se a partir de vocalizações e na alta sofisticação de movimentos da cabeça, do rosto e dos membros dos bebês durante seus momentos de interação com os adultos (Shifres, 2007). Trevarthen e Malloch (2017) identificam, nesses movimentos dos bebês durante a comunicação, uma vontade originária de se integrar à cultura e ao convívio prazeroso com os semelhantes.

Parizzi e Rodrigues (2020, p. 28) afirmam que essa verdadeira obstinação pela comunicação é compartilhada inconscientemente por pais e cuidadores, o que se expressa por um comportamento inato complexo denominado "parentalidade intuitiva" (Papousek M., 1996), que Shifres (2007, p. 15) define como "uma habilidade dos adultos para proteger, alimentar, estimular e ensinar as características de uma cultura a seus bebês". Dessa forma, a parentalidade intuitiva pode ser considerada uma característica humana que pode ser responsável pela alegria e pelo envolvimento que nós, adultos, sentimos nos momentos de interação com nossos bebês (Parizzi; Rodrigues, 2020, p. 28-29).

Esse conceito é proposto a partir de estudos realizados no contexto sociocultural das crianças, estudos esses que têm demonstrado a importante atuação dos pais e cuidadores como "professores competentes" da língua materna, e como mediadores das influências culturais (Papousek H, 1996). Carneiro e Parizzi (2011, p. 90) mostram que essa atuação dos pais é imprescindível para o desenvolvimento da capacidade de comunicação da criança, ocorrendo de forma inconsciente por meio de intervenções intuitivas. Um exemplo típico dessa predisposição inconsciente é apontado pelas autoras como a forma pela qual os pais e cuidadores alteram sua maneira de falar quando se dirigem aos bebês – o chamado "manhês". Shifres (2007, p. 15) comenta que essas interações dos adultos exibem uma série de características que, em princípio, "evocam modos de produção, organização, recepção e comunicação musical" e, por essa razão, têm sido vistas como manifestações "protomusicais".

Nessa direção, pais e bebês compartilham um "alfabeto pré-linguístico" em que são utilizadas alterações de timbres, de alturas, contornos melódicos, mudanças de intensidade e de acentuações, padrões específicos temporais e rítmicos. Esses recursos são próprios da linguagem musical e utilizados tanto na fala que é dirigida aos bebês como nos sons vocais dos próprios bebês (Carneiro; Parizzi, 2011, p. 90-91).

A comunicação pré-verbal entre pais e bebês foi estudada extensivamente pelo casal Papousek (Papousek, H; Papousek M, 1996). Esses estudos revelaram a existência de uma universalidade nas formas e nas funções dos elementos musicais utilizados nessa comunicação: "pais e cuidadores utilizam sua voz num registro bem mais agudo (até duas oitavas acima do seu registro normal), falam mais devagar e criam pausas entre as frases, as quais são usualmente mais curtas e ritmadas" (Carneiro; Parizzi, 2011, p. 91). Em português, dá-se o nome de "manhês" a essa forma típica de se falar com os bebês (*motherese*, *parentese*, ou *infantil directed speech* – em inglês). Essa forma é percebida e respondida com muito prazer pelos bebês, fazendo a criança se mostrar mais interessada e atenta, o que favorece, portanto, as primeiras formas de comunicação (Malloch, 1999/2000, p. 30).

Carneiro e Parizzi (2011, p. 91) refletem sobre as relações da parentalidade intuitiva com a Educação Musical: Assim, pais e cuidadores das mais diversas culturas, através da "parentalidade intuitiva", apresentam aos bebês modelos de sons vocais, estimulam a imitação desses sons, recompensam os bebês por sua atuação e, didaticamente, ajustam essa intervenção às possibilidades de vocalização da criança naquele momento. Essa universalidade aponta para uma predisposição biológica comportamental de pais e bebês em vez de tendências de comportamento transmitidas por intermédio da cultura (Papousek M, 1996) e delineia um modelo primordial de conduta que deve ser seguida pelo educador musical.

Observa-se, dessa forma, que a interação entre pais, professores, cuidadores e bebês recorre a uma série de sonoridades específicas, bem como a gestos e movimentos corporais diversos. Parizzi e Rodrigues (2020, p. 34) explicam que esses recursos comunicativos utilizados intuitivamente por pais e bebês foram definidos por Malloch e Trevarthen (2009) como "musicalidade comunicativa": "uma habilidade inata que se manifesta desde o nascimento por meio de sons vocais e movimentos corporais, e que fundamentará a autoconsciência, a autorregulação, a intersubjetividade e o engajamento solidário ao longo da vida".

As autoras esclarecem que o sentido da palavra "musicalidade", da forma como é utilizada por Malloch e Trevarthen (2009), difere daquele correntemente utilizado no senso comum – geralmente ligado à sensibilidade ou ao talento para a música. Para esses autores, a musicalidade comunicativa constitui a base da comunicação humana.

Malloch (1999/2000, p. 30) reconhece, na musicalidade comunicativa, três dimensões musicais: "o pulso, a qualidade e a narrativa". Trata-se de recursos interdependentes que, juntos, cooperam para que se efetue a comunicação sintonizada e coordenada entre adulto e bebê:

> *"Os elementos das interações comunicativas, cooperativas e codependentes, entre mães e bebês se combinam para formar o que eu denominei de "musicalidade comunicativa". Esse termo reconhece que a mãe e seu bebê são parceiros em um diálogo musical. Musicalidade Comunicativa consiste nos elementos pulso, qualidade e narrativa – atributos da comunicação humana que são particularmente explorados na música, que permitem o surgimento de uma convivência coordenada."*
>
> Malloch (1999/2000, p. 31-32)

Figura 3.5. Dimensões da musicalidade comunicativa.
Fonte: Malloch (1999/2000).

O pulso, nesse caso, pode ser definido como uma sucessão regular de eventos vocais ou gestuais no tempo, uma troca de turnos no processo comunicativo. A produção e a percepção desses eventos acontecem entre duas ou mais pessoas, que coordenam sua comunicação, durante um mesmo lapso de tempo, antecipando intuitivamente quando e o que pode acontecer no processo comunicativo (Malloch, Trevarthen, 2009, p. 4).

Já a qualidade (emocional) representa a variedade de contornos modulares expressivos das vocalizações ou dos gestos, que se movem durante o tempo e através dele, e que se caracterizam pelos atributos psicoacústicos das vocalizações: altura, timbre e intensidade; e pelos atributos de direção e intensidade dos gestos. Atributos estes que são sempre coordenados entre si, como os movimentos das mãos sincronizados com a fala, descritos como "contornos vitais" (Malloch; Trevarthen, 2009, p. 4).

A narrativa, por sua vez, é a integração da qualidade e do pulso e está presente tanto nas relações entre dois adultos como na de um adulto e um bebê porque, em ambos relacionamentos, há o compartilhamento de emoções similares durante um único período (Malloch; Trevarthen, 2009, p. 4).

Tudo isso é explicado por Parizzi e Rodrigues (2020, p. 37) da seguinte forma:

> *"Em outras palavras, no caso de um processo comunicativo iniciado pela criança, ela convida a mãe a interagir por meio de balbucios e movimentos de cabeça, tronco, braços e pernas. A mãe corresponde com o 'manhês', e os dois interagem predominantemente de forma alternada – ora o bebê, ora a mãe, num pulso regulado pela qualidade dos sons (altura, timbre e intensidade) e pelos gestos da díade; e esta 'protoconversa' percorre*

uma trajetória temporal caracterizando uma narrativa, em que emoções similares são compartilhadas pela díade."

Nessa perspectiva, pulso, qualidade e narrativa constituem a musicalidade comunicativa que, estimulada pela parentalidade intuitiva, propicia as primeiras formas de comunicação entre o adulto e o bebê. Para Malloch (1999/2000, p. 29), estabelece-se entre o bebê e o adulto um processo de comunicação bastante rico, apesar do fato de o bebê não estar familiarizado com as regras de sintaxe e de gramática que regem a sua língua materna, nem ter o desenvolvimento cognitivo suficiente para isso: o bebê, recorrendo à sua musicalidade comunicativa, é capaz de interagir com sua mãe, com o professor, com o adulto, às vezes como recebedor, outras vezes como emissor.

Parizzi e Rodrigues (2020, p. 37-38) concluem que "o corpo musical do bebê – que se expressa com balbucios, gestos e intenções que permitem a manifestação de sua Musicalidade Comunicativa inata – é determinante para o seu desenvolvimento". Segundo essas autoras, "[é] com seu corpo musical que ele se torna humano, com a imersão gradual e definitiva no mundo dos símbolos". Ao longo do primeiro ano de vida, a musicalidade comunicativa do bebê "flui em duas direções e deságua na palavra e na música. A Musicalidade Comunicativa é, pois, uma característica de espécie, enquanto as músicas e as línguas são moldadas pela cultura".

É a partir desses estudos que tem se especulado que a musicalidade comunicativa constitua a origem da capacidade inata dos humanos para fazer música e reagir a essa expressão artística (Parizzi; Rodrigues, 2020, p. 38).

Tomando, portanto, a "musicalidade comunicativa" – deflagrada e incentivada pela parentalidade intuitiva – como base da comunicação humana, Carneiro e Parizzi (2011, p. 92) sugerem que esta deva ser tomada como "ponto de partida para o trabalho de musicalização de bebês". Trabalho este que terá consequências positivas não apenas para o desenvolvimento musical, como também para o desenvolvimento geral da criança (Parizzi; Rodrigues, 2020, p. 46), uma vez que, nos primeiros anos de vida, são feitas aquisições determinantes para as aprendizagens futuras.

Para construir um trabalho de qualidade, é fundamental conhecer de forma mais aprofundada o desenvolvimento cognitivo e musical nos dois primeiros anos de vida.

Figura 3.6.
Fonte: Acervo da autoria do capítulo.

Um olhar na educação

Figura 3.7. Notas tocando a alma.
Fonte: Acervo da autoria do capítulo.

Na educação, mergulharemos em uma jornada fascinante, explorando os benefícios da música na formação da espiritualidade das crianças.

Vamos descobrir como a música pode despertar a sensibilidade, a criatividade e a conexão com algo maior desde cedo.

Consideramos que a música tem uma importância fundamental para o ser humano. Ela motiva expressões de alegria, estimula a criatividade, ameniza dores, inspira novos caminhos, harmoniza o ser. Quando atentamos para o campo da espiritualidade, percebemos o quanto a música é importante para alimentar a vida e o sentido de nossa existência. Reputamos que, por intermédio da musicoterapia, a música atinge as dimensões psíquica, espiritual e corporal do ser humano. Música e espiritualidade têm uma relação muito íntima, basta ver o imenso repertório de músicas religiosas ao dispor de todos.

Com base em estudos científicos e experiências reais, vamos explorar como a música pode ajudar as crianças a desenvolver habilidades emocionais, a expressar suas emoções e a se conectar com o mundo a seu redor de maneira mais profunda.

Segundo Benenzón (1998), a música tem grande capacidade de evocação (trazer à memória experiências do passado), dependendo da experiência de sensibilização musical. Os sentimentos, sensações, recordações são despertados pelos estímulos sonoros, provocando reações importantes no indivíduo, de acordo com as suas experiências, dependendo "de seu estado emocional, de suas necessidades momentâneas ou permanentes" (Benenzon, 1998, p. 184). A música é também uma "metáfora" (Swanwick, 2007, p. 17-34) da vida, em que podemos criar e articular ideias sobre nós mesmos e sobre o mundo "em formas sonoras". Edgar Willems dizia que a música mobiliza primeiramente o afeto, está ligada às emoções, mesmo porque quem a ofereceu inicialmente foram "seus pais ou pessoas a sua volta".

Acredito que todos concordamos que a música tem um poder transformador, capaz de tocar nossas almas e conectar-nos com algo maior; e, quando se trata da espiritualidade das crianças, a música desempenha um papel fundamental.

A música clássica, por exemplo, pode auxiliar a criança em relação à sua espiritualidade de várias maneiras:

1. Percepção: desperta um senso de admiração e reverência. Isso pode ajudar as crianças a se conectar com algo maior do que elas mesmas e a experimentarem momentos de paz.
2. Contemplação: a mais lenta, permite que as crianças tenham tempo para contemplar o som de cada nota musical. Ela pode criar um ambiente tranquilo e proporcionar serenidade.
3. Desenvolvimento da sensibilidade harmônica: além da sensibilidade harmônica, adquire um apreço pela beleza e equilíbrio presentes na música.
4. Elos com a história e a tradição: a música clássica tem uma longa história e as crianças podem se conectar com a herança cultural e espiritual de seus antepassados. Isso pode ajudá-las a desenvolver um senso de identidade e pertencimento, bem como a compreender a importância da música na afirmação da espiritualidade ao longo do tempo.
5. Exteriorização emocional e criatividade: ao ouvir e apreciar diferentes peças musicais, as crianças podem explorar e expressar suas próprias emoções e criatividade. Isso pode ser uma forma de conexão com sua espiritualidade, permitindo que elas se conectem com seu "Eu".

PARÁBOLA

Harmonia além do véu

Fonte: Acervo da autoria do capítulo.

A metáfora ressalta a evolução do ser, semelhante à sensação de subir uma escada em espiral e contemplar novas vistas a cada degrau ascendido como as notas musicais no cérebro.

Harmonia além do véu

Há uma parábola sobre um bebê chamado Lucas que, ainda no ventre materno, era influenciado pela música que chegava até ele. Enquanto Eva, sua mãe, ouvia músicas serenas e reflexivas, Lucas experimentava uma sensação de paz e harmonia, absorvendo as vibrações positivas que o envolviam.

Após nascer, ele manteve uma conexão profunda com a música que o havia acolhido no útero. As mesmas melodias que o embalaram antes do nascimento continuaram a exercer um impacto significativo sobre ele. A música o acompanhava cotidianamente, trazendo consolo nos momentos difíceis e inspiração nos momentos alegres. As vibrações pacíficas que o envolviam desde o início de sua existência continuaram a nutrir sua alma, formando uma ponte entre sua vida pré-natal e o mundo exterior. Essa ligação permeava sua jornada, guiando-o suavemente para um entendimento mais profundo de sua espiritualidade e do próprio ser.

Referências

1. Bamberger J. The mind behind the musical ear: How children develop musical intelligence. Cambridge, MA: Harvard University Press, 1991.
2. Benenzon RO. Teoria da musicoterapia. Contribuição ao conhecimento não verbal. São Paulo: Summus, 1998. Tradução livre da língua espanhola: O estímulo sonoro es capaz de producir en la persona reacciones impredecibles, que dependen de su historia, de su estado emocional, de sus necesidades momentáneas o permanentes.
3. BRASIL. Ministério da Educação. Secretaria de Alfabetização. PNA: Política Nacional de Alfabetização. Brasília: MEC, SEALF, 2017.
4. Carneiro AN. Desenvolvimento musical e sensório-motor da criança de zero a dois anos: relações teóricas e implicações pedagógicas. 96f. Dissertação [Mestrado] – Escola de Música, Universidade Federal de Minas Gerais. Belo Horizonte, 2006.
5. Carneiro A, Parizzi B. "Parentalidade intuitiva" e "musicalidade comunicativa": conceitos fundantes na educação musical no primeiro ano de vida. Revista da ABEM, Londrina, v. 19, n. 25, p. 89-97, jan./jun. 2011.
6. Granier-Deferre C, Busnel, M-C. L'audition prénatale, quoi de neuf? *Spirale*, v. 59, n. 3, 2011, p. 17-32.
7. Gordon EE. Teoria de aprendizagem musical, competências, conteúdos e padrões. tradução de Maria de Fátima Albuquerque. Lisboa: Fundação Calouste Gulbenkian, 2000.
8. Hargreaves D. The development psychology of music. Cambridge: Cambridge University Press, 1986.
9. Hargreaves D (ed.). Musical Communication. New York: Oxford University Press, 2006, p. 239-259.
10. ILARI BS. Desenvolvimento cognitivo-musical no primeiro ano de vida. In: Ilari BS (org.). Em busca da mente musical: ensaios sobre os processos cognitivos em música. Curitiba: Editora da UFPR, 2006.
11. JOLY IZL. Educação e educação musical: conhecimentos para compreender a criança e suas relações com a música. In: Hentschke L, Del- Ben L. Ensino de música: propostas para pensar e agir em sala de aula. São Paulo: Moderna, 2003.
12. Kenney S. Birth to six: music behaviors and how to nurture them. General Music Today, v. 22, n. 1, p. 32-34, out. 2008.
13. Malloch S. Mothers and infants and communicative musicality. Musicae Scientiae, Special Issue, p. 29-57, 1999/2000.
14. Malloch S, Trevarthen C. Musicality: communicating the vitality and interests in live. In: Malloch S, Trevarthen C (org.) Communicative Musicality: New York: Oxford University Press, 2009, p. 1-11.
15. Maranhão ALV. Acontecimentos sonoros em musicoterapia. São Paulo: Apontamentos, 2000, p. 180.
16. Martinez AP de A. Infâncias musicais: o desenvolvimento da musicalidade dos bebês. 307f. Tese [Doutorado em Educação]. Universidade de Brasília. Brasília, 2017.

17. Papousek H. Musicality in infancy research: biological an cultural origins of early musicality. In: Deliêge I, Sloboda J (org.). Musical beginnings: origins and development of musical competence. Oxford: Oxford University Press, 1996. p. 37-55.
18. Papousek M. Intuitive parenting: a hidden source of musical stimulation in infancy. In: Deliêge I, Sloboda J (org.). Musical beginnings: origins and development of musical competence. Oxford: Oxford University Press, 1996. p. 88-112.
19. Parizzi B, Rodrigues H. O bebê e a música. Langage: Belo Horizonte, 2020.
20. Parlato-Oliveira E. Saberes do bebê. São Paulo: Editora Instituto Langage, 2019.
21. Pereira MVM. O ensino superior e as licenciaturas em música: um retrato do habitus conservatorial nos documentos curriculares. Editora UFMS: Campo Grande, 2013.
22. Piaget J (1946). A formação do símbolo na criança. Rio de Janeiro: Guanabara Koogan, 2010.
23. Piaget J (1955). Os estádios do desenvolvimento intelectual da criança e do adolescente. Schème – Revista Eletrônica de Psicologia e Epistemologia Genética, v. 10, n. 1, p. 209-219, jan./jul. 2018.
24. Shaffer DR. Psicologia do desenvolvimento: infância e adolescência. Tradução de Cíntia Regina Pemberton Cancissu. São Paulo: Pioneira-Thomson, 2005.
25. Shifres F. La ejecución parental: los componentes performativos de las interaciones tempranas. In: Reunión Anual de Sociedade Argentina para las Ciencias Cognitivas de la Música, 6., 2007, Entre Ríos. Actas... La Plata: Universidade de La Plata, 2007, p. 13-17.
26. Swanwick K. Musical Knowledge: intuition, analysis and music education. Londres: Routledge, 1994.
27. Swanwick K. The arts in education: dreaming or wide awake? In: Swanwick K. A developing discourse in music education – the selected works of Keith Swanwick. London: Routledge, 2016, p. 10-25.
28. Swanwick K. Ensinando música musicalmente. São Paulo: Moderna, 2007, p. 17-34.
29. Swanwick K. Ensinando música musicalmente. São Paulo: Moderna, 2007, p. 18.
30. Trevarthen C. Origins of music identity: evidence from infancy for musical social awareness. In: Hargreaves D, Miell D (eds.). Musical identities. Oxford: Oxford University Press, 2004, p. 21-38.
31. Trevarthen C, Malloch S. Grace in moving and joy in sharing: the intrinsic beauty of communicative musicality from birth. In: Bunn S (ed.). Anthropology and beauty: from aesthetics to creativity. Londres: Taylor and Frances Routledge, 2017, p. 115-130.
32. Trevarthen C, Panksepp J. In tune with feeling: musical play with emotions of creativity, inspiring neuroaffective development and self-confidence for learning in company. In: Hart S (ed.). Inclusion, play and empathy: neuroaffective development in children's groups. Londres: Jessica Kingsley, 2016, p. 29-54.

Capítulo

4

A arte como portal da espiritualidade

Conexão, expressão e criatividade no desenvolvimento da criança

■ **César Leandro Ribeiro**

Doutorado em Teologia pela Pontifícia Universidade Católica do Paraná (PUC-PR) (2018). Mestrado em Filosofia pela PUC-PR (2007), Graduação em Bacharelado em Teologia pela PUC-PR (2004) e em Filosofia – Studium Ordem de São Basílio Magno (1996). Atualmente é Professor e Coordenador do Curso de Bacharelado em Teologia da PUC-PR.

■ **Clarice Gonzaga**

Mestre em Engenharia de Produção – Mídia/Conhecimento. Autora do Projeto de Odontoeducação – Indexado no Plano Nacional pela Primeira Infância. Odontopediatra. Membro do Núcleo de Estudo em Espiritualidade da Criança e Adolescente da Sociedade de Pediatria de São Paulo (SPSP). Coordenadora do Núcleo de Estudo em Espiritualidade da Criança e Adolescente Aboped: Regional-Go. Cursando Pós-Graduação em Espiritualidade na Prática Clínica – F. E. – Juiz de Fora, MG; Capelã – Confecap.

Somos seres em busca

Figura 4.1. Transcender a si mesmo.
Fonte: Acervo da autoria do capítulo.

É próprio do ser humano a busca. Passamos os anos por esta Terra numa existência permeada pelo querer, sofrer, definir rotas, cair e levantar. Fato que a felicidade parece algo sempre a ser alcançado. Comum compreender que o pouco para alguns pode ser muito e o muito para outros pode parecer pouco. De onde vem essa relatividade de percepção sobre a vida e sobre todas as coisas nela experimentadas? Os filósofos clássicos gregos, como Sócrates, Platão e Aristóteles, já compreenderam, àquela época, três séculos antes de Cristo, que o ser humano anseia pelo transcendente; busca o ser de todas as coisas. É um ente em construção, sempre querendo ir além; e que a arte da vida consiste em acertar o alvo dessa busca incansável por sentido e preenchimento existencial.

Nas crianças, esse anseio por "transcender a si mesmo" é latente e muito mais evidente do que em muitos de nós, adultos. Essa é a fonte e o cume do que pode resumir o conceito de espiritualidade em um ser humano.

É próprio dela o perguntar constante, o desejar de novas experiências, o cultivar da imaginação como forma de ir além daquele espaço e tempo em que vive. Para uma criança, em condições normais, o amanhecer de cada dia é experiência de felicidade, pois sabe que pode romper os limites de seus próprios conhecimentos, ir além, visitar o que está fora. Isso a encanta, isso a faz feliz. O brincar é a construção de uma realidade que ao mesmo tempo que toca o chão faz voar aos céus das infinitas possibilidades, onde nenhuma barreira se antepõe aos sonhos.

Já disse o clássico teólogo Agostinho de Hipona:

> *"Fizeste-nos, Senhor, para ti, e o nosso coração anda inquieto enquanto não descansar em ti."*

Haverá algum ser mais inquieto do que uma criança no afã de descobrir o mundo? Oxalá olhássemos nós o mundo permanentemente como uma criança o vê. Com certeza, ele teria um colorido mais brilhante, soaria como um som mais encantador.

Pensar sobre a espiritualidade na criança talvez seja ajudá-la a compreender que nela há uma riqueza que jamais deverá ser perdida, sob pena de condenação à infelicidade. Nela, há a felicidade, latente, mesclada com a pureza da inocência. Com os anos que virão pela frente, é comum que esses olhos brilhantes se ofusquem no semblante sombrio de quem começa a se ver num mundo cinza, pela competitividade, vaidade. O cinza da ganância que se pinta sobre o colorido da gratuidade.

Criança amada, feliz, encanto, você é o rosto de Deus em sua versão mais doce e encantadora que pôde nos visitar! Como fazer, amado ser, para que você seja sempre assim? Assim mesmo como é? Numa pesquisa sobre a felicidade realizada por Harvard, pôde-se perceber que os momentos mais felizes que as pessoas em idade avançada relatam ter vivido ou relatam sentir falta por não os ter vivido são os momentos simples, como passear num parque, estar ao lado da pessoa amada, brincar mais, não levando a vida "tão a sério".

No entanto, nem tudo é um mar de rosas. As crianças não se encontram numa redoma de vidro, imaculadas. Elas mesmas trazem em si traços de personalidade que podem apresentar dificuldades a serem superadas. Há, para essa realidade de herança pessoal, algumas explicações teológicas possíveis, como identificação de causa, mas que não vêm ao caso aqui explorar. Fiquemos com o produto final: crianças também têm dificuldades a superar. Ao mesmo tempo, embora haja esse "ajuste natural" de rota que todos devemos fazer, desde tenra idade, há também diversos tipos de interferência na fase primaveril da vida que podem ser danosos. São as diversas formas de violência, sutis ou explícitas, acrescidas no dia a dia da criança, seja por vivências desajustadas no meio familiar, seja por exposição a jogos que instigam o desequilíbrio mental, a violência, a competitividade, tanto por influência exploratória das redes sociais e pelo comércio que muitas vezes as alimenta, como pela proposta do consumo com promessa de felicidade.

É nesse contexto que o gosto pelo Bom e pelo Belo pode e deve ser aceso nas crianças. A arte é o instrumento poderoso de conexão da criança com o que é perene, salutar, eficaz e vigoroso. É caminho seguro para o cultivo desse ser que deseja ir além, transcender sempre. A arte é a certeza de que, no processo existencial de busca, haverá, ao fim, um encontro seguro. Ou melhor, muitos encontros.

Figura 4.2. Vida com cor.
Fonte: Acervo da autoria do capítulo.

> *"O objetivo da arte é dar corpo à essência secreta das coisas, não copiar sua aparência."*
>
> Aristóteles

A criança sem se dar conta em cada pincelada, vai dando cor à vida, aumentando sua resiliência, desvendando os mistérios da existência e encontrar o significado oculto, quanto a natureza do tempo e do espaço, a compreensão do sofrimento e da alegria, e as complexidades das emoções humanas.

É sua vocação tirar o ser humano da miopia que pode envolver a vida e levá-lo a ver além. A fazer a comunhão com aquilo que é essencial. Como expressou Antoine de Saint-Exupéry, na obra *O Pequeno Príncipe*: "o Essencial é invisível aos olhos".

Antes de apontarmos algumas sugestões sobre como cultivar a arte enquanto caminho espiritual para as crianças, convém contextualizar a arte por dois aspectos: o primeiro, como a força motriz presente na criança como desejo de se expressar e encontrar nessa expressão algo maior do que ela mesma.

> *"A arte é a expressão mais pura da alma humana, e as crianças, por sua natureza inocente e intuitiva, são capazes de se conectar profundamente com ela."*
>
> Pablo Picasso

É o que a leva a experimentar os lápis, as cores, a dança, o desenhar, pintar, escrever. Enfim, é algo maior dentro dela desejando transbordar. Em segundo lugar, a arte é também existente por si mesma. Ou seja, ninguém pode mudá-la. Ela será sempre a expressão do belo, e o belo é natural. Ninguém poderá macular a arte; se assim, o fizer a arte já não mais existirá... e será um amontoado de qualquer coisa. Assim, por exemplo, a cor do sol terá sempre algo a dizer, o círculo será sempre expressão consciente ou inconsciente da continuidade e do renascer – o globo terrestre, o útero materno –; a representação de um caminho que leva ao infinito será sempre algo que remeta ao novo, à busca, ao caminhar rumo a novas realidade; enfim, o natural será sempre o mesmo, sempre misterioso e sedutor. A Arte o expressa da melhor forma humana, pois não o limita em conceitos, deixando sempre a porta aberta para o infinito de interpretações e assimilações.

Caminhos possíveis para o cultivo da arte plástica como caminho para a espiritualidade saudável em crianças

Ellen Dissanayake (2000) argumenta:

> *"A arte é uma expressão da alma humana, uma forma de comunicação que transcende as palavras e toca o âmago do nosso ser. Ela nos conecta com o divino, despertando a espiritualidade e proporcionando uma experiência de transcendência e beleza."*

Conectar a arte e a espiritualidade com as crianças será sempre uma experiência enriquecedora, segura e significativa.

Os primeiros responsáveis por fomentar esse cultivo artístico nas crianças são os pais, em primeiro lugar, mas também os profissionais que são responsáveis por qualquer forma de educação que as toque. Tornarmo-nos sensíveis a essa necessidade é um avanço importante no caminho da vida com qualidade.

Apresentamos, aqui, algumas formas de cultivo da arte com as crianças como caminhos para a conexão espiritual:

1. Explorar diferentes formas de arte: faz-se importante introduzir as crianças a diferentes formas de arte, como pintura, desenho, escultura, música, dança, teatro, entre outros. Permita que elas experimentem e expressem sua criatividade por meio dessas formas de arte.

   A capacidade criativa de transformar pensamentos em imagens sinaliza o início do processo meditativo (Steiner, 1928). A partir desse ponto, a inteligência dá origem à expressão artística, e o pensamento se eleva à esfera da imaginação. Essa imaginação não é apenas uma criação da mente humana, mas sim um mundo objetivo, no qual se pode vislumbrar uma representação autêntica por meio desse processo. Ao concentrar esforços para transmutar essas forças formadoras em um estado meditativo, é possível elevar a imaginação ao patamar da inspiração. Neste nível, a consciência moral se delineia, destacando a importância do desenvolvimento artístico e imaginativo. A religiosidade surge como o próximo estágio no caminho do conhecimento em direção à expressão artística. Esse processo assemelha-se à proposta de imaginação ativa de Jung (*Obras completas*), que é considerada um caminho para a individuação e uma abordagem terapêutica. De acordo com Steiner (1928), a alma, familiarizada com a recepção de inspiração divina por meio da atividade artística, pode aprender a utilizar essa inspiração para agir de forma moral e religiosa. A intensidade e a concentração empregadas na atividade artística compartilham o mesmo caráter daquelas utilizadas em um serviço religioso, refletindo uma reavaliação do sagrado, conforme a perspectiva steineriana.

"Os procedimentos artísticos induzem o jogo lúdico que conduz ao estado estético schilleriano. O ser humano em seu amadurecimento passa por três estados: o estado dinâmico, no qual ele limita suas ações pelo uso da força; o estado ético, que é aquele em que ele limita suas ações pelas leis morais; no entanto, é pelo estado estético que ele atinge o equilíbrio entre os outros dois, libertando-se de toda coerção, seja ela moral ou física."

Schiller (1995, p. 144)

2. Proporcionar às crianças um espaço seguro: ter acesso a materiais artísticos para que possam expressar seus sentimentos, pensamentos e experiências. Encoraje-as a criar obras de arte que reflitam sua espiritualidade e conexão com o divino.

> *"A arte é uma forma de comunicação com o divino, e as crianças, com sua imaginação e sensibilidade, são capazes de se conectar com o sagrado através dela."*
>
> Carl Jung

Um ambiente no qual a criança se sinta bem para dar asas a essa imaginação deverá significar, no mínimo, um espaço tranquilo. A base para essa tranquilidade será sempre a certeza na criança de que alguém em quem ela confia está por perto. Alguém que, ao mesmo tempo que a deixa livre, cuida, ainda que seja de forma "distante". Além dessa "presença" próxima, a energia do local deve estar permeada de positividade. Isso se garante com ausência de ruídos desnecessários à concentração – imaginação; bem como ausência de discussões nas quais problemas de adultos lhes firam os ouvidos. Sendo possível, essa ambiência poderá ser mais bem cultivada se houver, no espaço, algo que remeta, de acordo com cada cultura, ao sagrado. Uso de cores, pinturas ou obras de arte pode estimular nesse sentido. Óbvio se faz notar que a quantidade de recursos materiais acessíveis à criança para o cultivo da criatividade é algo importante a considerar, na justa medida entre o estímulo e a dispersão. Quantidade nem sempre é qualidade. Às vezes, variar na quantidade, em dias diferentes, pode ser mais útil do que sempre deixar uma infinidade de recursos disponíveis, que podem, em alguns casos, levar à evasão e não à concentração imaginativa.

3. Contar histórias espirituais: de acordo com Jean Piaget, a arte possibilita às crianças explorar e expressar sua espiritualidade de maneira única e autêntica. Cada história contada a elas atua como uma parábola, permitindo que façam conexões com suas próprias realidades e desenvolvam novas interpretações, soluções e abordagens para o conteúdo narrado. Portanto, é fundamental apresentar às crianças histórias inspiradoras e espirituais, que transmitem valores, ensinamentos e mensagens de amor, compaixão e respeito. Além disso, essas histórias podem ser ilustradas ou encenadas pelas próprias crianças, possibilitando um envolvimento mais profundo com a mensagem espiritual.
4. Praticar a meditação e a contemplação: Maria Montessori afirma que:

   "por meio da arte, as crianças podem acessar um espaço interior de paz e conexão com algo maior do que elas mesmas".

5. Explorar a natureza: Joseph Chilton Pearce diz que:

   "a arte é uma ponte entre o mundo material e o mundo espiritual, e as crianças são mestres nessa arte de transcender os limites da realidade".

Embora a meditação possa parecer desafiadora, é possível considerá-la parte de nosso aprendizado. O uso de música suave em um ambiente de silêncio e tranquilidade, mesmo que inicialmente em curtos períodos, pode criar um ambiente propício para a prática contemplativa. O estímulo para atividades como desenho manual, em meio a essa atmosfera, também pode ser naturalmente meditativo. Além disso, o exercício de observar atentamente e apreciar tudo o que a vida nos oferece é outro meio importante para a contemplação. A educação do olhar é uma ferramenta poderosa para a reflexão interior. Reconhecer a beleza no outro nos conecta com a beleza em nós mesmos; isso constitui a plenitude espiritual. É importante ensinar às crianças técnicas simples de meditação e contemplação, adaptadas à sua idade, para ajudá-las a viajar para o âmago de seu próprio ser.

Estar em meio à natureza significa estar num mar de beleza exuberante no qual a vida pulsa sem cessar. Ajudar a criança a perceber a harmonia que envolve o equilíbrio na natureza, a função de cada ser nela existente, a conexão entre estes é, sem dúvida, um caminho para a conexão com o divino. Sentir-se como parte integrante desse todo faz com que a criança desenvolva a sensibilidade pela vida, vendo além das aparências estereotipadas pela mentalidade predadora que predominou até as últimas décadas na humanidade em relação à natureza. Portanto, incentive as crianças a explorarem e apreciar a natureza por meio de caminhadas ao ar livre, observação de animais, jardinagem ou criação de arte inspirada na natureza.

> *"Por intermédio da arte, as crianças podem acessar sua essência mais profunda e conectar-se com a fonte de toda a criação."*
>
> Deepak Chopra

A natureza é frequentemente considerada sagrada em muitas tradições espirituais e pode despertar um senso de admiração e conexão com algo maior. Serão normais, nessas novas gerações, a opção de não se alimentar de carne, a recusa a desmatamento, o cuidado pelo solo e pela água. Isso certamente deverá ser analisado, caso a caso, mas denotará, sem dúvidas, maior sensibilidade com o bem-estar no Planeta. Uma sensibilidade ecológica mais aguçada é uma forma espiritual de se viver.

6. Promover a compaixão e o serviço para com os outros: quando olhamos para a compaixão por intermédio da lente da neurociência cognitivo-afetiva, podemos distinguir entre uma compreensão limitada da compaixão – como um estado emocional-motivacional passageiro – e uma compreensão mais ampla – como uma atitude fundamental em relação à vida. Ao desmembrar a compaixão como uma atitude fundamental, podemos identificar três componentes essenciais: presença, afeto e perspectiva. A presença serve como a base, incorporando habilidades de controle e estabilidade da atenção, assim como a consciência interna do

corpo (interocepção), e é apoiada pelas redes fronto-parietais e pela ínsula. Os outros dois componentes dividem as habilidades e disposições relacionadas à compaixão em processos cognitivos (perspectiva) e emocionais (afeto). Esta distinção reflete a divisão entre os circuitos cerebrais subjacentes: os processos de tomada de perspectiva cognitiva e metacognitiva de si mesmo e dos outros estão associados às regiões cerebrais frontais e parietais mais recentemente desenvolvidas (por exemplo, córtex pré-frontal medial, junção temporoparietal, pré-cúneo); enquanto os processos sócio-afetivos, relacionados à motivação pró-social, afeto positivo, afiliação, benevolência e consciência emocional, estão fortemente ligados aos sistemas motivacionais mais primários, associados às funções dos córtices somatossensorial, interoceptivo e límbico, que se desenvolvem nos estágios iniciais da vida (Dreyfus G, 2002; Ramnani N e Owen AM, 2004; Critchley Raz A e Buhle J, 2006; Silani G, Bird G, Brindley R, Singer T, Frith C e Frith U, 2008; Singer T, Critchley HD e Preuschoff K, 2009; Mitchell JP, 2009; Robertson IH e O'Connell R, 2010; Singer T, 2012).

REFLEXÃO!

"A espiritualidade das crianças se revela através da arte, pois é nesse espaço sagrado que elas podem expressar sua conexão com o divino e sua visão única do mundo."

Wayne Dyer

Sem dúvida alguma, a arte é a ponte segura que liga o ser humano ao que há de melhor na sua própria vida e ao que há de melhor no mundo. Obviamente, caberá a todos nós um permanente esforço por saber adaptar as atividades de acordo com a idade e o interesse das crianças, respeitando suas crenças individuais e incentivando-as a explorar e expressar sua própria espiritualidade de maneira autêntica.

Paradoxalmente, o ser humano, sempre em busca de algo, encontra sua verdadeira identidade no ser criança. Ser criança é sinônimo de comunhão com o outro. Afinal, o que somos nós diante de Deus? Crianças, aprendendo a arte de amar, numa existência breve; e a arte é ferramenta poderosa para dar sentido a todas as fases da vida. Cultivada na infância, será resposta para as perguntas mais fundamentais que nos golpeiam a existência. Como afirma Csikszentmihalyi:

> *"a arte é uma manifestação da busca humana por significado e propósito. Ela nos convida a explorar o desconhecido, a questionar e a refletir sobre nossa existência."*

No fundo, a arte é um espelho de nós mesmos; não no sentido de habilidades manuais, mas no de apreciação. O trecho de uma música diz "tecer elogios por coisa qualquer revela afinal o quanto se quer...". Podemos dizer que a arte é também um termômetro que mensura nosso grau de assertividade espiritual na vida. Não no sentido de arte erudita, mas como experiências, ainda que simples, mas belas, que tenham o sentido de nos fazer um só com o Todo Maior.

Para encerrar este capítulo, queremos rememorar a sublime obra, já aqui mencionada: *O Pequeno Príncipe*, de Antoine de Saint-Exupéry. Nela, o principezinho, habitante de um planeta distante, ao fazer sua viagem ao planeta Terra, descobre aqui uma amiga, uma raposa, por quem desenvolve grande estima. Brincam juntos por longos períodos, enchem-se de afeto um pelo outro. Em dado momento, o príncipe fala sobre a necessidade de retornar ao seu planeta, chamado B 612, no qual ele, solitário, cultivava como companhia uma única rosa. Interpelado pela raposa por que haveria de ir embora se aqui, na Terra, havia tantas lindas rosas e mesmo roseirais inteiras, o pequeno príncipe conta que aquela rosa era importante para ele e que ele deveria retornar para dela cuidar. Não satisfeita, a raposa, perguntou: "Mas por que essa rosa é tão importante para você?". Ao que responde o garoto: "Foi o tempo que eu gastei com a minha rosa que fez dela algo tão importante para mim.".

Que essa clássica história nos ajude a lembrar sempre que o que plantamos hoje nem sempre colhermos agora. O tempo que levamos para cultivar o senso artístico em nossas crianças permitirá que um dia a arte seja importante para elas, caso ainda não seja hoje; e ocupando a arte um lugar central na vida de uma criança, ali habitarão o Belo, o eterno. Seu coração será porta para o infinito de possibilidade.

Um olhar na educação

Figura 4.3. Essência em cores.
Fonte: Acervo da autoria do capítulo.

A aprendizagem significativa na relação entre arte plástica e espiritualidade é essencial para incentivar a exploração ativa, a reflexão e a aplicação prática. Existem diversas abordagens para integrar esse tipo de aprendizagem: desenvolvimento de projetos temáticos, realização de discussões guiadas, experiências sensoriais, compartilhamento de narrativas pessoais e aplicação prática dos conceitos aprendidos.

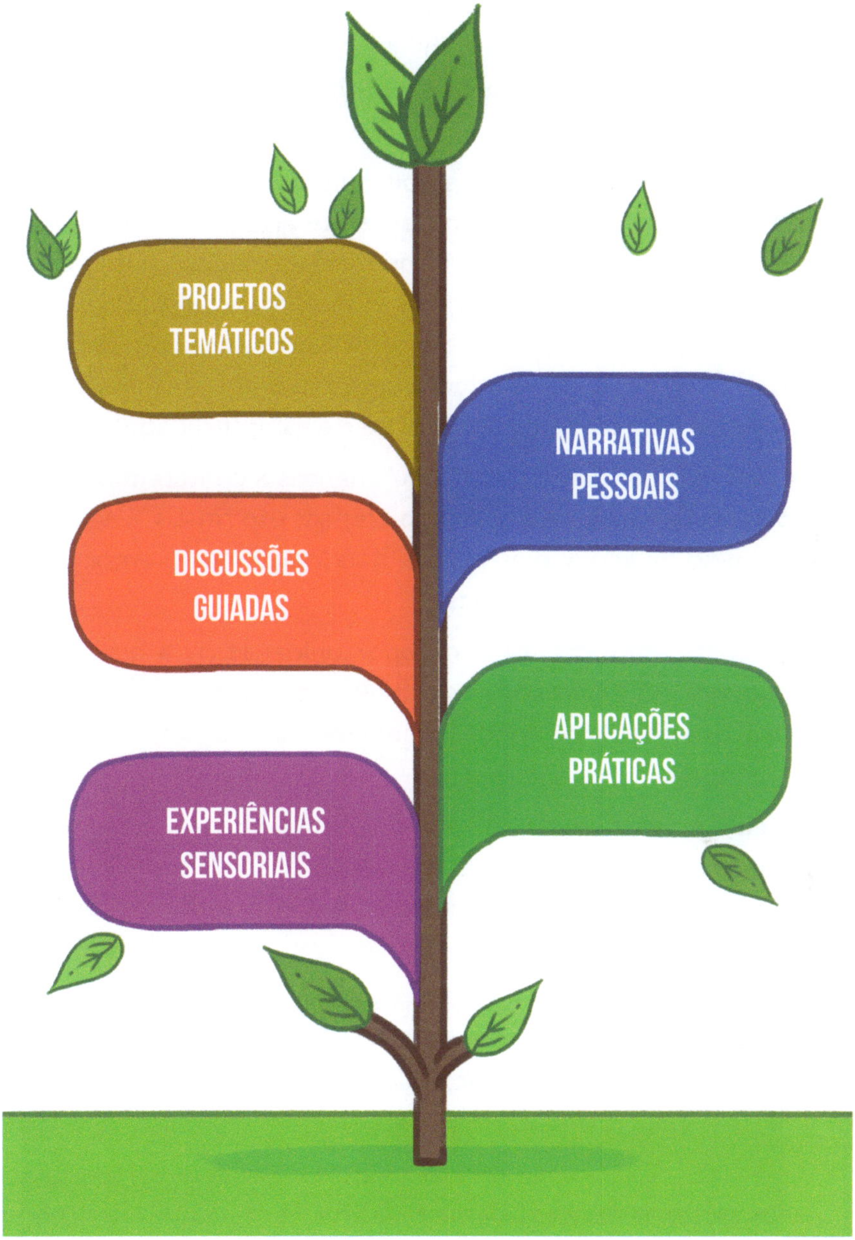

1. Projetos temáticos: desenvolva projetos de arte que abordem temas espirituais significativos para as crianças, permitindo que explorem e expressem suas próprias interpretações por meio de diferentes mídias artísticas.

2. Discussões guiadas: promova discussões estruturadas que incentivem as crianças a compartilharem suas ideias, questionamentos e descobertas relacionados à espiritualidade, conectando-as com suas criações artísticas.
3. Experiências sensoriais: desempenham um papel essencial na aprendizagem significativa da conexão entre arte plástica e espiritualidade. Ao integrar atividades sensoriais relacionadas à natureza, música, aromas e texturas, que evocam sentimentos espirituais, estas podem ser incorporadas às produções artísticas das crianças, enriquecendo assim a sua experiência educativa e promovendo uma conexão mais profunda com a expressão artística e a espiritualidade.
4. Narrativas pessoais: incentive as crianças a contarem histórias pessoais ou familiares, associadas a crenças espirituais, e a expressá-las por meio de arte visual, possibilitando a conexão emocional e significativa com suas criações.
5. Aplicações práticas: ofereça oportunidades para que as crianças apliquem suas reflexões espirituais em projetos comunitários ou em ações de solidariedade, conectando a arte plástica à compaixão e à empatia.

Ao incluir esses elementos, você pode proporcionar uma experiência de aprendizado rica e significativa, em que as criações artísticas das crianças se tornam veículos para a exploração e a expressão de temas espirituais de maneira autêntica e pessoal.

Na espiritualidade na educação em arte plástica para crianças, é importante adotar uma abordagem sensível e inclusiva. Aqui estão algumas orientações para promover a conexão da arte plástica com a espiritualidade na educação para crianças:

1. Expressão pessoal: incentive as crianças a expressarem suas emoções, seus valores e crenças por meio da arte. Permita que criem obras que reflitam sua própria espiritualidade e interpretação do mundo.
2. Exploração simbólica: introduza símbolos e imagens associados a diferentes tradições espirituais e culturais para inspirar a criação artística das crianças. Isso pode abrir caminho para discussões sobre diversidade e respeito às crenças alheias.

3. Conexão com a natureza: incentive projetos artísticos que explorem a conexão espiritual com a natureza, como pinturas de paisagens naturais, esculturas de animais ou atividades ao ar livre que estimulem a apreciação da beleza natural.
4. Reflexão e meditação: reserve tempo para que as crianças reflitam sobre suas criações, incentivando a autodescoberta e a contemplação de questões mais profundas relacionadas à espiritualidade.
5. Respeito e inclusão: promova um ambiente inclusivo e respeitoso, fundamental para valorizar e celebrar as diversas formas de expressão espiritual, incentivando a compreensão e a empatia entre as crianças. Além disso, embora a resiliência seja um conceito antigo, as pesquisas sobre ele foram realizadas apenas nos últimos dez anos. Em todos os tempos e lugares, é possível testemunhar situações em que os menos favorecidos demonstram algum tipo de resiliência em sua luta pela sobrevivência, desafiando os mitos de invulnerabilidade.

Conforme ressaltado por Yunes e Szymanski (2001), as personalidades como Aleijadinho, Máximo Gorki, Jean Piaget e Anne Frank exemplificam a resiliência, especialmente Anne Frank, uma jovem judia que viveu escondida durante a perseguição nazista, expressando em seu diário a sensação de aceitação incondicional apesar das adversidades enfrentadas. As narrativas das de superação de desafios, exemplificadas por pessoas como Anne Frank, revelam não apenas a resiliência diante de situações adversas, mas também a capacidade de manter a esperança e a integridade em meio a circunstâncias desafiadoras, inspirando outros a superar obstáculos. Infelizmente, em 1944, a família de Anne foi descoberta e deportada para campos de concentração nazistas, onde Anne faleceu de tifo em março de 1945. Sua história continua a sensibilizar e inspirar, sendo um símbolo poderoso da resistência humana em face da adversidade.

O ser humano, segundo Frankl (2007), é mais do que um ser impulsionado, sendo caracterizado como espiritual-pessoal. Na concepção analítica-existencial, o homem é visto como um ser responsável, que faz escolhas e está intrinsicamente ligado à dimensão espiritual. A espiritualidade é essencial para a compreensão plena do ser humano, pois somos caracterizados pela responsabilidade e não pela impulsividade. A ideia unânime entre os estudiosos é que a espiritualidade é inerente ao ser humano, buscando significado e sentido para a existência, assim como a busca por uma sensação de bem-estar e completude, uma unidade com a natureza e o universo. A espiritualidade é vista como a base da resiliência, influenciando positivamente o bem-estar, as virtudes e a ética. De acordo com Cameron (2004 apud Leão; Silva, 2016), a adoção de princípios religiosos e sua vivência promovem sentimentos benéficos e relações mais saudáveis entre as pessoas, destacando-se como algo edificador e sinônimo de resiliência.

Na educação, a promoção da resiliência nas artes plásticas e no encontro da criança com a espiritualidade e seu "eu" pode ser realizada de diversas maneiras:

1. Cultivar um ambiente de apoio: crie um ambiente de aprendizado em que a resiliência seja valorizada, incentivando os alunos a enxergarem os erros como oportunidades de crescimento e a compartilhar suas experiências.
2. Incentivar a autenticidade: promova a autoexpressão genuína por meio de projetos artísticos e atividades que permitam que as crianças se conectem com suas emoções, crenças e valores de maneira autêntica.
3. Explorar temas significativos: ofereça oportunidades para que os alunos explorem temas espirituais que ressoem com eles, incentivando reflexões profundas e conexões pessoais significativas.
4. Fomentar a aceitação e a compaixão: ensine a importância da aceitação de si mesmo e dos outros, promovendo um ambiente de compaixão e respeito mútuo.
5. Reforçar a mentalidade de crescimento: encoraje uma mentalidade de crescimento, mostrando que habilidades artísticas, espirituais e emocionais podem ser desenvolvidas ao longo do tempo com esforço e prática.

Ao incorporar esses princípios na educação artística, os educadores podem ajudar as crianças a desenvolverem uma base sólida de resiliência, autoconhecimento e expressão autêntica, capacitando-as a enfrentar os desafios artísticos e espirituais com confiança e compaixão. Isso contribui para uma educação que abraça a totalidade do ser humano, promovendo o desenvolvimento integral das crianças.

A aprendizagem significativa, teorizada por David Ausubel, destaca a importância de conectar novas informações com conceitos preexistentes na mente do aprendiz, promovendo a compreensão e a internalização do conhecimento, em contraste com a simples memorização. A resiliência, por sua vez, refere-se à capacidade de lidar com desafios, superar adversidades e desenvolver mecanismos eficazes de enfrentamento.

Essa relação pode ser explorada no contexto das artes plásticas, em que a aprendizagem significativa pode ocorrer quando as crianças se envolvem em experiências artísticas que ressoam com suas experiências e emoções preexistentes. Quando promovem um ambiente de apoio e incentivar a autenticidade, os educadores podem ajudar as crianças a transformarem desafios criativos em oportunidades de crescimento e autoexpressão. Isso incita a resiliência ao mesmo tempo que favorece a internalização e a compreensão mais profundas dos conceitos explorados nas atividades artísticas. Por meio desse processo, as crianças podem transcender desafios e limitações, alcançando níveis mais elevados de expressão criativa e desenvolvimento pessoal.

Essa interconexão entre a aprendizagem significativa, resiliência e transposição criativa nas artes plásticas destaca a importância da educação espiritualizada, que vai além do mero ensino de técnicas artísticas, buscando promover o desenvolvimento integral das crianças, capacitando-as a enfrentar desafios, expressar-se autenticamente e internalizar as experiências vivenciadas na prática artística.

Um importante legado de Fausto Massimini e sua escola em Milão foi compreender o papel do fluxo (*flow*) na evolução da cultura. Ele e seus alunos têm defendido a ideia de que as tecnologias, artes, ciências e estilos de vida evoluíram principalmente pelo fato de proporcionarem o estado de *flow* para aqueles que criam e utilizam materiais ou artefatos simbólicos que integram a cultura. Religiões, sistemas políticos, eletrodomésticos e teorias científicas que não são agradáveis caem em desuso e são mais facilmente esquecidos e do que aqueles que proporcionam prazer (Massimini, Csikszentmihalyi, Delle Fave, 1988; Inghilleri, 1999).

PARÁBOLA

A pedra da autodescoberta

Fonte: Acervo da autoria do capítulo.

A metáfora atua como uma ferramenta para contemplar a interligação entre a busca científica e a espiritual da criança, oferecendo uma reflexão profunda sobre sua jornada interior em direção ao autoconhecimento, reconhecendo que a escultura da pedra representa não apenas a criação artística, mas também a busca da criança pela compreensão da ciência e da espiritualidade.

É uma maneira de simbolizar a exploração das fronteiras do conhecimento e da espiritualidade e como esses dois aspectos da vida podem se entrelaçar de maneiras significativas e transformadoras.

> *Uma vez, em uma terra distante, havia uma criança curiosa e cheia de imaginação. Ela vivia em uma pequena vila onde as pessoas eram conhecidas por sua habilidade em esculpir belas estátuas de pedra. Um dia, a criança encontrou uma pedra bruta e irregular e decidiu transformá-la em algo especial. Com dedicação e paciência, a criança começou a esculpi-la, explorando formas e texturas, às vezes cometendo erros, mas sempre aprendendo com cada tentativa. A pedra, que uma vez era apenas um bloco áspero, começou a revelar a beleza escondida sob sua superfície.*
>
> *A jornada da criança em esculpir a pedra reflete a jornada de autodescoberta e criação de cada pessoa. Assim como a pedra bruta, a criança traz consigo um potencial único, esperando para ser descoberto e desenvolvido. As tentativas e os erros representam a exploração do próprio eu, o processo de se descobrir, aprender e crescer. Da mesma forma que a pedra esculpida se transforma em uma bela obra de arte, a criança, ao longo de sua jornada, descobre e desenvolve suas próprias habilidades e talentos, transformando-se em algo especial e único. Essa parábola ressalta a importância do processo de autodescoberta e do crescimento pessoal, celebrando o potencial criativo e transformador que reside dentro cada criança.*

Referências

1. Ausubel DP. A aprendizagem significativa: a teoria de David Ausubel. São Paulo: Moraes, 1982.
2. Csikszentmihalyi M, Csikszentmihalyi I (ed.). Optimal experience. Cambridge: Cambridge University Press, 1988.
3. Csikszentmihalyi M. Creativity: flow and the psychology of discovery and invention. New York: HarperCollins Publishers, 1997.
4. Dissanayake E. Art and intimacy: how the arts began. Washington: University of Washington Press, 2000.
5. Dreyfus G. Is compassion an emotion? A cross-cultural exploration of mental typologies. In: Davidson RJ, Harrington A (eds.). Visions of compassion (p. 31-45). New York: Oxford University Press, 2002.
6. Frank A. O diário de Anne Frank. Rio de Janeiro: Record, 1947.
7. Frankl VE. A presença ignorada de Deus. Tradução de Walter O. Schlupp e Helga H. Reinhold. 10. ed. São Leopoldo: Sinodal/Petrópolis: Vozes, 2007.
8. Inghilleri P. From subjective experience to cultural change. Cambridge: Cambridge University Press, 1999.
9. Leão E, Silva RLC. A experiência religiosa, seu nascimento e benefícios para o indíviduo e sociedade. In: Ecco, Clóvis et al. Religião, saúde e terapias integrativas. Publicação e-book no site PUC-Goiás. VIII Congresso Internacional de Ci6encias da Religião, 2016, p. 113-118.
10. Lipsey R. An art of our own: the spiritual in twentieth-century art. Shambhala, 1996.
11. Massimini F, Fave AD. Individual development in a bio-cultural perspective. American Psychologist, 55, 24-33.
12. Mitchell JP. Inferences about mental states. Philosophical Transactions of the Royal Society B: Biological Sciences, 364(1521), p. 1309-1316, 2009.
13. Moreira MA, Caballero MC, Rodríguez ML (org.). Actas del Encuentro Internacional sobre el Aprendizaje Significativo. p. 19-44. Tradução de Maria Luz Rodríguez Palmero. Burgos, España, 1997.
14. Ramnani N, Owen AM. Anterior prefrontal cortex: insights into function from anatomy and neuroimaging. Nature Reviews Neuroscience, 5(3), p. 184-194, 2004.
15. Raz A e Buhle J. Typologies of attentional networks. Nature Reviews Neuroscience, 7(5), p. 367-379, 2006.
16. Robertson IH, O'Connell R. Vigilant attention. In: Nobre K e Coull JT (ed.). Attention and time (p. 79-88). New York: Oxford University Press, 2010.
17. Silani G, Bird G, Brindley R, Singer T, Frith C, Frith U. Levels of emotional awareness and autism: an fMRI study. Social Neuroscience, 3(2), p. 97-112, 2008.
18. Singer T, Critchley HD, Preuschoff K. A common role of insula in feelings, empathy and uncertainty. Trends in Cognitive Sciences, 13(8), p. 334-340, 2009.

19. Singer T. The past, present and future of social neuroscience: a European perspective. NeuroImage, 61(2), p. 437-449, 2012.

20. Vygotsky LS, Luria AR, Leotiev AN. Linguagem, desenvolvimento e aprendizagem. 11. ed. São Paulo: Icone, 2010.

21. Vygotsky LS. Pensamento e linguagem. [S.l]: Edição de Ridendo Castigat Mores, 2002. E-book. Disponível em: http://www.ebooksbrasil.org/adobeebook/vigo.pdf. Acesso em: 17 jul. 2018.

22. Yunes MAM, Szymanski H. Resiliência: noção, conceitos afins e considerações críticas. In: Tavares J (org.). Resiliência e educação. São Paulo: Cortez, p. 13-42, 2001.

23. Yunes MAM. Psicologia positiva e resiliência: o foco no indivíduo e na família. Psicologia em Estudo, Maringá. 8:75-84, 2003.

Capítulo

5

Espiritualidade revelada

Harmonia entre os mistérios da natureza e a essência oculta do "ser" criança

Clarice Gonzaga

Mestre em Engenharia de Produção – Mídia/Conhecimento. Autora do Projeto de Odontoeducação – Indexado no Plano Nacional pela Primeira Infância. Odontopediatra. Membro do Núcleo de Estudo em Espiritualidade da Criança e Adolescente da Sociedade de Pediatria de São Paulo (SPSP). Coordenadora do Núcleo de Estudo em Espiritualidade da Criança e Adolescente Aboped: Regional-Go. Cursando Pós-Graduação em Espiritualidade na Prática Clínica – F. E. – Juiz de Fora, MG; Capelã – Confecap.

A natureza oferece um ambiente rico em estímulos sensoriais, como cores vibrantes, texturas diversas, sons suaves e aromas delicados. Ao explorar e interagir com a natureza, a criança é convidada a usar sua imaginação, criatividade e curiosidade, revelando sua beleza oculta.

Exaltamos o ser humano

> *"Sou uma criança tentando fazer tudo*
> *Dizer tudo ver tudo e ser tudo*
> *ao mesmo tempo."*
>
> John Hartford (1971)

As crianças desempenham um papel ativo moldando o mundo ao seu redor em resposta ao ambiente em que vivem. Elas influenciam e são influenciadas pelo meio ambiente, criando uma relação bidirecional. Desde o nascimento, os traços naturais de um bebê influenciam a forma como os pais e outras pessoas interagem com ele. Esta interação constante influencia tanto a criança quanto o ambiente ao seu redor.

> *"Podemos construir e criar o nosso mundo por intermédio da aprendizagem e do exercício do livre arbítrio, mas para ter sucesso, devemos permanecer fiéis à nossa biologia, que está enraizada na natureza" (...) "Se nos afastarmos demasiado da nossa dependência herdada do mundo natural, fá-lo-emos por nossa própria conta e risco."*
>
> Robert Stephen Kellert

Izquierdo (2009) assegura que somos definidos pelas nossas lembranças e destaca que somos moldados pelo nosso cérebro e, além disso, somos formados pelo que esse órgão armazena ao longo da vida. Compreender como ocorre o processo de armazenamento de informações não é tão simples, o cérebro é o órgão mais complexo e misterioso do corpo humano. Nessa estrutura complexa, são guardadas as informações mais importantes da vida, conhecidas como "memória", que são divididas em memória imediata, memória de curto prazo e memória de longo prazo.

É importante ressaltar o termo "memórias", conforme proposto por Cammarota e colaboradores (2008).

Segundo Eric Kandel (2009), a memória de longo prazo nos permite recordar eventos passados e reviver as mesmas sensações. No entanto, ele ressalta que a memória humana está sempre se modificando a cada lembrança. Nem todas as memórias podem ser acessadas conscientemente, algumas são denominadas "memórias inconscientes". Essas memórias são reativadas quando um evento semelhante reativa as conexões necessárias para sua produção e armazenamento.

> *"Nossas memórias, assim como as dos outros animais, provêm da experiência. Por isso é mais sensato falar de 'memórias' e não de 'Memória', já que existem tantas memórias quantas experiências possíveis. É evidente que a memória de ter colocado o dedo na tomada não é igual à da primeira namorada, à da casa da nossa infância, à de andar de bicicleta, à de como nadar, à do perfume de uma flor, ou à de exercer a Psicologia."*

O mundo real e as crianças reais

As crianças são como exploradores no mundo real, enfrentando cada experiência com curiosidade e coragem. Elas encaram a vida com um sorriso no rosto, prontas para aprender e descobrir novas aventuras. Suas reações genuínas nos lembram da importância de manter a inocência e alegria em nossas próprias vidas, mesmo diante dos desafios do dia a dia.

> *"As crianças não têm passado nem futuro. Assim, elas aproveitam o presente – o que raramente acontece conosco."*
>
> Jean de la Bruyère (1688)

Mistérios ocultos

> *"Nem eu nem ninguém mais pode caminhar esse caminho por você. Você deve caminhá-lo por si mesmo. Não está longe, está ao alcance. Talvez você esteja nele desde que nasceu e não saiba. Talvez esteja em todas as partes, sobre a água e sobre a terra."*
>
> Walt Whitman

A Terra é um lugar diverso, com diferentes idiomas, religiões e culturas. Apesar disso, há atividades comuns que conectam os seres humanos. Essa diversidade nos permite entender melhor a nós mesmos e o mistério da existência. A espiritualidade está presente na educação, mesmo que de forma implícita. Ela é mais do que um conceito, é uma parte essencial de nossa identidade.

O *ethos* representa um "refúgio", "ninho", "identidade", "consciência", onde podemos nos encontrar com nosso verdadeiro "SER". Como assinala Moser (2004, p. 18).

Talvez esse seja um dos motivos que finalmente levaram a Antropologia Cultural a conferir ao fenômeno religioso um caráter universal, suplantando, em grande medida, uma tentativa malcosturada de decretar a morte de Deus, que, por algum tempo, provocou uma febre de ateísmo e secularização a partir do século XX.

No decorrer no século XX, Carl Gustav Jung disse que:

> *"A finalidade única de existência humana é acender uma luz na escuridão do ser".*

Na concepção de Jung (2014b, p. 27) é que a jornada pessoal envolve avançar do que é conhecido e confortável para o desconhecido e, por vezes, aterrorizante. Ele descreve uma necessidade inicial de explorar uma profundidade sombria, que é essencial para um desenvolvimento superior. Isso requer coragem, capacidade de entrega e confiança na orientação da alma. A jornada também envolve lidar com desafios como tempestades, solidão e adversidades. Ao final, Jung sugere que passamos por um processo de refinamento e integração, alcançando uma elevação espiritual significativa.

Descoberta da verdadeira essência

A individuação, proposta por Jung, é um processo fascinante que incentiva o indivíduo a mergulhar no seu interior, a explorar quem realmente é e a abraçar sua verdadeira essência. Portanto, desafia a visão científica moderna, de modo a expandir os horizontes do indivíduo para explorar o desconhecido. As teorias de Jung convidam cada pessoa a abraçar a magia que existe em si. Ensinam que a ciência não precisa ser apenas lógica, mas também poética e misteriosa. Por meio de suas teorias, o indivíduo é conduzido a uma jornada de autodescoberta e transformação.

De acordo com Verena Kast, [...] o objetivo do processo de individuação é se tornar, ao longo da vida, cada vez mais aquele ou aquela que somos na verdade, cada vez mais autênticos, cada vez mais nós mesmos e em consonância conosco. Assim, segundo Jung, seremos saudáveis e sentiremos que nossa vida faz sentido.

Richard Louv, em seu livro *A última criança na natureza*, cunhou o termo "transtorno do déficit de natureza", que aparece com frequência nos textos mais recentes sobre educação.

O autor ressalta que o mundo urbano e artificial, por mais tecnológico que seja, não consegue oferecer as mesmas riqueza e variedade de estímulos que uma floresta, uma praia ou até mesmo um terreno baldio. Infelizmente, o acesso aos ambientes naturais é cada vez menor, por diversos motivos (segurança, distância, tempo, custos, regulamentos, falta de informação e, claro, a redução das áreas verdes).

Criatividade, natureza e emoções humanas não são fáceis de se mensurar. Mas de fato parece haver algo de inato e intrínseco nessa necessidade de conexão com a natureza. Ao que tudo indica, ambientes naturais incentivam o brincar não estruturado (muito diferente dos esportes, por exemplo), assim como o brincar autônomo e espontâneo, essenciais para o desenvolvimento das crianças.

Além disso, a natureza proporciona um espaço de liberdade e conexão com o mundo ao redor, permitindo que a criança se sinta parte integrante do universo. Essa sensação de pertencimento e conexão pode despertar uma sensação de admiração e encantamento, que são características intrínsecas da infância.

Ao observar, como um pequeno broto se transformando em uma flor colorida, ou um pássaro construindo seu ninho, a criança pode se inspirar e reconhecer sua própria capacidade de crescimento, transformação e criação. Essa conexão com a natureza pode ajudar a criança a desenvolver uma autoestima saudável, confiança em si mesma e uma apreciação pela beleza que existe dentro de si.

O contato da criança com a natureza, espiritualidade e suas emoções tem vários objetivos importantes:

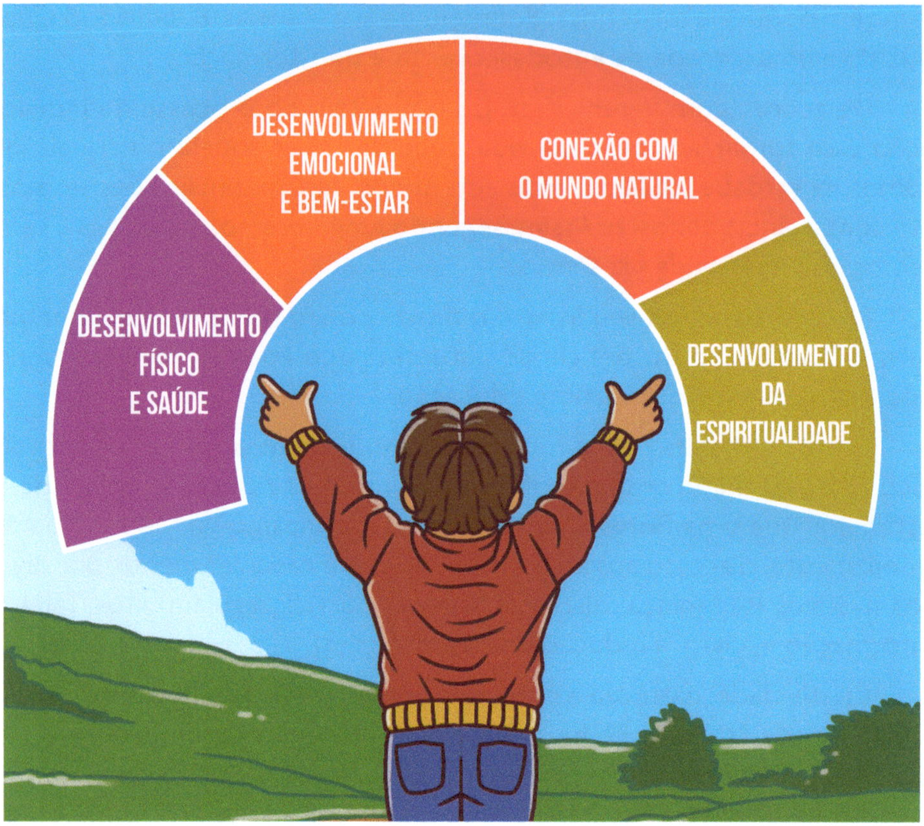

1. Desenvolvimento físico e saúde: o contato com a natureza permite que as crianças se envolvam em atividades físicas, como correr, pular, escalar e explorar, o que contribui para o desenvolvimento motor e a saúde geral. Além disso, a exposição à natureza tem sido associada a benefícios para a saúde, como melhora do sistema imunológico e redução do estresse.
2. Desenvolvimento emocional e bem-estar: a natureza oferece um ambiente tranquilo e estimulante para as crianças explorarem suas emoções e desenvolverem habilidades emocionais. Elas podem experimentar sentimentos de calma, alegria, admiração que podem ajudar a promover um senso de bem-estar e resiliência emocional.
3. Conexão com o mundo natural: o contato com a natureza permite que as crianças desenvolvam uma conexão com o mundo natural e apreço por ele. Isso pode resultar em maior respeito e cuidado

com o meio ambiente, incentivando comportamentos sustentáveis e uma consciência ambiental desde cedo.

4. Desenvolvimento da espiritualidade: a natureza pode despertar um senso de admiração e reverência nas crianças, propiciando experiências espirituais e uma sensação de conexão com algo maior do que elas mesmas. Isso pode contribuir no desenvolvimento de uma visão de mundo mais ampla, valores espirituais e senso de propósito e significado na vida.

Os adultos desempenham papel fundamental em facilitar essas experiências, fornecendo oportunidades de exploração, ensinando sobre a natureza e apoiando o desenvolvimento emocional e espiritual das crianças.

LEITURA IMPORTANTE!

Biophilia é um livro escrito pelo renomado biólogo Edward Osborne Wilson, publicado em 1984. O termo "biophilia" significa literalmente "amor pela vida" e refere-se à conexão inata e profunda que os seres humanos têm com a natureza e com outras formas de vida, uma teoria que o livro explora. Wilson argumenta que essa ligação é uma parte essencial de nossa identidade e bem-estar e que a falta de contato com o meio ambiente pode resultar em problemas de saúde física e mental.

Isso o levou a investigar várias áreas, incluindo a evolução humana, a Psicologia, a Ecologia e a Sociologia, para sustentar sua teoria. Ele discute como a afinidade dos seres humanos com a natureza se desenvolveu ao longo da evolução e como ela influencia nossas emoções, comportamentos e até mesmo nossa capacidade criativa.

Wilson também aborda a importância da conservação da natureza e da biodiversidade, argumentando que a destruição do meio ambiente é prejudicial não apenas para outras espécies, mas também para a espécie humana. Ele ressalta a necessidade de proteger e preservar os ecossistemas naturais para garantir nossa própria sobrevivência e qualidade de vida e chega à percepção de que a espiritualidade aumenta em relação à conexão humana com a natureza e pode despertar um senso de admiração e reverência em cada indivíduo, gerando experiências espirituais e uma sensação de ligação com algo superior.

O autor argumenta que essa conexão espiritual com a natureza pode ser encontrada em várias culturas e tradições religiosas ao redor do mundo e que ela desempenha um papel importante na formação de crenças e valores, como também a perda dessa conexão espiritual com a natureza pode criar um vazio existencial e impedir que se encontre um propósito de vida.

Daí a importância de ressaltar que a espiritualidade é explorada em conjunto com outros temas, como a ciência, a Ecologia e a Psicologia.

Como despertar a criança

A criança pode despertar para o "amor à vida" por meio de experiências significativas e positivas que a conectam com a natureza, espiritualidade e suas próprias emoções. Aqui estão algumas maneiras pelas quais isso pode acontecer:

1. Exploração da natureza: permitir que a criança explore a natureza e interaja com ela é fundamental para despertar o amor à vida. Isso pode incluir atividades como caminhadas na floresta, brincar em parques, observar animais e plantas, ou simplesmente passar tempo ao ar livre. Essas experiências permitem que a criança desenvolva apreço pela diversidade e beleza da vida natural.
2. Conexão emocional: a criança pode despertar o amor à vida ao desenvolver uma conexão emocional com a natureza e com outras formas de vida. Isso pode ser cultivado por meio de experiências que estimulem a empatia, como cuidar de animais de estimação, observar o ciclo de vida das plantas ou participar de atividades de conservação ambiental. Essas experiências ajudam a criança a reconhecer a importância e o valor de todas as formas de vida.
3. Educação sobre a natureza: ensinar às crianças sobre a importância da natureza e a interdependência dos seres vivos pode despertar o amor à vida. Isso pode ser feito por meio de livros, documentários, visitas a museus de história natural ou participação em programas educacionais sobre o meio ambiente. A compreensão dos processos naturais e da importância da biodiversidade pode inspirar a criança a valorizar e proteger a vida.
4. Exploração da espiritualidade: a criança pode despertar para o amor à vida por meio da exploração da espiritualidade, seja por intermédio de práticas religiosas, meditação, contemplação da natureza ou reflexão sobre questões existenciais. Essas experiências podem ajudá-la a desenvolver um senso de conexão com algo maior do que ela mesma e a apreciar a maravilha e o mistério da vida.

MEMORIZE!

O despertar para o amor à vida é um processo individual e único para cada criança. Os adultos desempenham papel fundamental nesse processo ao fornecer um ambiente seguro, estimulante e amoroso, em que a criança possa explorar, aprender e desenvolver apreço pela vida em todas as suas formas.

A consolidação das memórias é possível graças aos processos neurológicos organizados e ao envolvimento emocional. O ambiente social e emocional exerce papel primordial na aprendizagem e fixação das memórias. Estudos de Charles Darwin e Walter Cannon destacam a importância do sistema nervoso central, especialmente o hipotálamo, na produção das experiências emocionais (Sarmiento et al., 2007, p. 25).

Quando explora florestas, campos, rios e montanhas, a criança se depara com os mistérios que a natureza guarda. Ela observa as cores vibrantes das flores, o movimento gracioso das folhas ao vento, os sons melodiosos dos pássaros e o cheiro suave de terra molhada. Cada elemento revela uma beleza que transcende o olhar superficial.

Essa experiência de imersão na natureza fortalece a espiritualidade da criança. Ela aprende a valorizar a simplicidade e a grandiosidade da vida, a se maravilhar com a harmonia e a diversidade que existem no mundo natural. A criança encontra paz e serenidade ao contemplar a imensidão do céu estrelado, ao sentir a brisa fresca acariciar seu rosto e ao ouvir o som suave da água corrente.

Existem emoções primárias, como alegria, tristeza, medo, nojo, raiva e surpresa, que são inatas ao ser humano e atuam como mecanismos de sobrevivência (Pergher et al., 2008).

As experiências de maior carga emocional tendem a se fixar na memória, enquanto as de menor carga emocional são facilmente esquecidas ao longo do tempo (Sarmiento et al., 2007). Isso ocorre porque as áreas cerebrais responsáveis pela memória também estão relacionadas às emoções, por meio do sistema límbico (Sarmiento et al., 2007). Essas memórias emocionais são armazenadas com a emoção vivenciada no momento, o que explica por que tendemos a lembrar episódios marcantes (Kandel, 2009).

Ao relacionarmos essa ideia com a dinâmica da sala de aula, podemos compreender por que os alunos têm dificuldade em lembrar informações durante as provas, especialmente quando estão sob pressão emocional. Isso se explica pelo fato de a emoção desempenhar papel fundamental na consolidação das memórias (Sarmiento et al., 2007). Tendo em vista a importância da emoção e da memória no processo de aprendizagem, é essencial explorar a interação entre esses dois constructos fundamentais para construção social.

Todo conhecimento adquirido, por meio da educação formal ou informal, precisa ser armazenado na memória para que seja considerado aprendizado. Afinal, se não conseguimos lembrar, significa que não aprendemos de fato. Portanto, a aprendizagem está intrinsecamente ligada à memória, pois sem seria necessário aprender tudo novamente a cada momento da vida.

De acordo com Rocha (2001), a consolidação das memórias também pode ser considerada um processo de aprendizagem, uma vez que, sem a memória, não seríamos capazes de aprender. Ao explorarmos a formação da memória e o processo de aprendizagem, podemos identificar pontos em comum.

> *"Os diversos neurônios, das diversas áreas cerebrais, se especializam em tarefas definidas. Assim, uns são especializados para o processamento de informação visual, outros para processamento de estímulos verbais, outros coordenam a motricidade, outros definem apetites etc. Os processamentos cerebrais dependem de como esses neurônios podem ser associados. Isto é, dependem da eficácia da transmissão sináptica entre eles. O aprender, por exemplo, de uma resposta motora a uma informação verbal, depende de aumentar a eficácia da transmissão sináptica entre neurônios encarregados da análise do som verbal e aqueles encarregados de controlar a resposta motora. A memória e a aprendizagem dependem, portanto, do relacionamento entre neurônios, relacionamento este que é governado por moléculas."*
>
> Rocha (2001, p. s/n)

Portanto, é imprescindível que as crianças tenham a oportunidade de explorar e vivenciar a natureza, pois é nesse contato que elas descobrem a beleza que existe em cada canto desse Planeta. Essa conexão fortalece sua espiritualidade, desperta sua curiosidade e nutre sua alma com a pureza e a magia que só a natureza pode proporcionar.

A descoberta das palavras em cada detalhe é essencial para enriquecer a beleza intrínseca do "SER" criança. A paz cria tranquilidade e harmonia, permitindo que a criança se conecte de forma mais profunda com seu mundo.

O **amor** é a base de todas as relações, fortalecendo os laços com o mundo ao redor. A **generosidade** ensina a compartilhar e a cuidar do próximo, promovendo um senso de comunidade. A **longanimidade**, ou paciência, possibilita que a criança aprecie cada momento e aprenda a esperar com serenidade. A **compaixão** desperta a empatia e a preocupação com o bem-estar dos outros seres vivos. O **zelo** traz o cuidado e a atenção dedicados à preservação da natureza. O **respeito** é fundamental para valorizar e proteger todas as formas de vida. O **domínio próprio** ensina a criança a controlar suas emoções e a agir de forma consciente. A **gratidão** resulta na capacidade de reconhecer e valorizar as bendições que a natureza oferece. Todas essas palavras, e muitas outras, são como pinceladas que realçam a beleza oculta da criança em sua conexão com a natureza, tornando-a ainda mais radiante e especial.

Estudos e pesquisas abordam a importância de a criança conhecer a beleza que existe na natureza e encontrar sua própria essência e, assim, fortificar a sua espiritualidade.

Segundo Cajal (apud Kandel, 2009), as sinapses são responsáveis pela comunicação entre as células nervosas e são essenciais para as ações motivadas. A aprendizagem e a memória dependem dessas sinapses, que são alteradas de acordo com os estímulos recebidos (Kandel, 2009). Piaget (1964) destaca que o conhecimento surge a partir da interação entre o sujeito e o objeto do conhecimento, ocorrendo em etapas e em contexto social. Além disso, a aprendizagem também é influenciada por fatores neurológicos e emocionais (Kandel, 2009). Para que as informações se fixem na memória de longo prazo, é necessário treinamento contínuo seguido de períodos de descanso (Kandel, 2009). Esses aspectos fornecem *insights* sobre o processo de aprendizagem e ensino.

No cérebro, as memórias são classificadas em memória de trabalho, memória de curto prazo e memória de longo prazo. A memória de trabalho é temporária e dura apenas alguns minutos no córtex pré-frontal, entorrinal, hipocampo e amígdala (Cammarota et al., 2008). É usada para registrar informações rapidamente, como um número de telefone, antes de serem armazenadas em outro lugar. A memória de curto prazo dura de 30 minutos a 6 horas, enquanto a memória de longo prazo pode durar horas, dias ou até anos. Embora percorram o mesmo caminho no cérebro, são armazenadas em locais diferentes (Cammarota et al., 2008).

A memória implícita, também conhecida como "memória não declarativa", não é conscientemente acessada ou verbalizada. Ela é responsável por habilidades motoras, condicionamento e memória emocional. Um estudo interessante sobre a memória implícita foi realizado por Schacter, Chiu e Ochsner (1993).

Nesse estudo, os pesquisadores investigaram a influência da memória implícita na tomada de decisões. Os participantes foram expostos a uma tarefa de aprendizado de associação de palavras, em que eles tinham que aprender a associar pares de palavras. Após um período de descanso, os participantes foram submetidos a um teste de memória explícita no qual tinham de lembrar conscientemente as associações de palavras.

Além disso, os participantes também foram submetidos a um teste de *priming*, que é uma medida da memória implícita. Nesse teste, eles foram apresentados a uma palavra e, em seguida, tiveram de completar uma palavra relacionada. Por exemplo, se a palavra apresentada fosse "cachorro", eles poderiam completar com "gato". Os resultados mostraram que, mesmo quando os participantes não conseguiam lembrar conscientemente as associações de palavras, foram influenciados pela memória implícita, completando as palavras relacionadas com maior facilidade.

Esse estudo demonstra como a memória implícita pode influenciar decisões e comportamentos, mesmo quando não se está conscientemente ciente dos eventos armazenados nela. A memória implícita desempenha um papel importante, moldando habilidades e reações do indivíduo de forma inconsciente.

Segundo Kandel (2009), alterações no lobo temporal medial, especialmente no hipocampo, podem afetar a capacidade de converter memórias de curto prazo em memórias de longo prazo. Isso foi observado na pesquisa realizada por Scoville e Milner com o paciente H. M., que sofreu danos no hipocampo decorrente de uma lesão na cabeça. Após a cirurgia para remover parte do lobo temporal e o hipocampo, H. M. experimentou uma perda devastadora de memória, sendo incapaz de formar novas memórias permanentes. No entanto, suas memórias de longo prazo anteriores ao acidente permaneceram intactas. Isso sugere que o hipocampo exerce um papel fundamental na formação da memória de longo prazo, embora não se trate do local onde as memórias são armazenadas permanentemente (Kandel, 2009, p. 149) salienta mesmo que

> *"hoje, temos razões para acreditar que a memória de longo prazo é armazenada no córtex cerebral. Além disso, seu armazenamento ocorre na mesma área do córtex cerebral que processou a informação originalmente – ou seja, as memórias das imagens visuais são armazenadas em diferentes áreas do córtex visual e a memórias das experiências táteis são armazenadas no córtex somatossensorial."*

A beleza do "SER" humano reside nas profundezas de sua essência, naquilo que não pode ser visto apenas com os olhos. É uma beleza que transcende a aparência física e manifesta-se por meio de virtudes, valores e qualidades internas.

Lembrando que a espiritualidade no "SER" humano está na capacidade de se conectar com o mundo ao seu redor, de se encantar com as pequenas e coisas e de encontrar significado nas experiências cotidianas. Ela se revela na autenticidade de o indivíduo ser quem se é, sem máscaras ou pretensões porque carregar consigo uma singular, uma combinação de experiências, emoções e pensamentos que a tornam especial. É nessa complexidade que reside a sua beleza interna, aquela que não pode ser medida por padrões estéticos ou superficialidades.

Essa beleza interna se revela nos gestos de bondade, na compaixão pelos outros, na capacidade de perdoar e de amar incondicionalmente. Ela se manifesta na coragem de enfrentar desafios, na resiliência diante das adversidades, na busca constante pelo crescimento pessoal, como também nos sorrisos sinceros, nos olhares cheios de empatia, nas palavras que acolhem e inspiram. Também se encontra na generosidade de compartilhar o que se tem de melhor, na humildade de reconhecer as próprias limitações e na gratidão por cada momento vivido.

MEMORIZE!

Lembrar que a beleza interna não é exclusiva de alguns privilegiados, mas está presente em cada "SER" humano, independentemente de sua aparência física, idade, gênero ou origem. Cada indivíduo tem uma beleza única e especial, que merece ser valorizada e celebrada.

Portanto, é essencial olharmos além das aparências e reconhecer a beleza na sua essência que habita em cada pessoa. Ao fazê-lo, contribuiremos para a construção de uma sociedade mais inclusiva, em que, na verdadeira beleza, seja reconhecida a espiritualidade revelada em todos os seus aspectos.

É importante ressaltar que a espiritualidade é uma experiência individual e pode ser vivenciada e expressa de diferentes maneiras por diferentes pessoas.

Um olhar na educação

Figura 5.1. Direito de sonhar.
Fonte: Acervo da autoria do capítulo.

> *"A educação é a arma mais poderosa que você pode usar para mudar o mundo."*
>
> Nelson Mandela (1918-2013, português, v. 2, n. 1, 2022)

Richard Louv, em seu livro *A última criança na natureza*, cunhou o termo "transtorno do déficit de natureza", que aparece com frequência nos textos mais recentes sobre Educação.

Ressalta que o mundo urbano e artificial, por mais tecnológico que seja, não consegue oferecer a mesma riqueza e variedade de estímulos que uma floresta, uma praia ou até mesmo um terreno baldio. Infelizmente o acesso aos ambientes naturais é cada vez menor, por diversos motivos (segurança, distância, tempo, custos, regulamentos, falta de informação e, claro, a redução das áreas verdes).

Criatividade, natureza e emoções humanas não são fáceis de se mensurar. Mas de fato parece haver algo de inato e intrínseco nessa necessidade de conexão com a natureza. Ao que tudo indica, ambientes naturais incentivam o brincar não estruturado (muito diferente dos esportes, por exemplo), assim como o brincar autônomo e espontâneo, essenciais para o desenvolvimento das crianças.

Richard Louv e Martha Farrell Erickson, em seu livro *Vitamin N: The Essential Guide to a Nature-Rich Life*, exploram os benefícios da natureza para a saúde física, mental e espiritual das crianças. Eles destacam que a natureza oferece um senso de conexão, propósito e transcendência que pode fortalecer a espiritualidade das crianças.

As elucidações são preocupantes, considerando-se os efeitos benéficos das experiências ao ar livre no desenvolvimento infantil e na conexão com o ambiente. Com a intenção de restaurar a ligação entre as crianças e a natureza, apresentamos oito ensinamentos de Richard Louv, cofundador da rede internacional Children and Nature Network e autor do livro *A última criança na natureza*. Confira:

1. Distanciamento das crianças em relação à natureza

   Louv destaca que a interação das crianças com a natureza mudou significativamente, resultando em conhecimento sobre ameaças globais, como o aquecimento, mas com pouco contato com elementos e fenômenos naturais no dia a dia. Isso gera um "transtorno do déficit de natureza" na infância, com consequências como obesidade infantil, falta de atenção e hiperatividade.

2. A natureza como ferramenta pedagógica

   Louv ressalta as inúmeras oportunidades que a natureza oferece como ferramenta de aprendizado, desde observar insetos até explorar espaços verdes. Ele defende que, na educação das crianças, cada dólar gasto em tecnologia deveria ser acompanhado por um investimento equivalente no "mundo real".

3. Impactos físicos, sociais e psicológicos pela falta de contato com a natureza

   Louv destaca a atual limitação sensorial das crianças decorrente da exposição constante a telas, resultando na negligência do desenvolvimento de habilidades sociais e físicas e no aumento de ansiedade, estresse e distração. Ele alerta para os efeitos do distanciamento das crianças do meio ambiente, cunhando o termo "transtorno do déficit de natureza".

4. Influência dos adultos na interação das crianças com a natureza

   Louv aponta a contradição entre o discurso e a prática dos adultos, que influencia a disposição das crianças. Muitos adultos passam pouco tempo ao ar livre, optando por ocupar seu tempo com dispositivos eletrônicos, o que impacta diretamente o comportamento das crianças.

5. A natureza como um refúgio para as crianças

"A natureza funciona como um papel em branco no qual a criança desenha e reinterpreta suas fantasias culturais", fornecendo um espaço privado para as crianças se afastarem de conflitos familiares e reconstruírem um ambiente tranquilo que inspira criatividade. Richard Louv compartilha a história de uma garota que busca a natureza para se acalmar: "Às vezes vou para lá quando estou brava e, então, com a quietude fico melhor. Volto para casa feliz, e minha mãe nem sabe por quê", relatou a menina.

6. Promover o tédio construtivo

Para as crianças conectarem-se com o mundo ao seu redor, é essencial aprenderem a lidar com momentos de tédio e ócio de forma construtiva. Louv enfatiza a importância de cultivar nas crianças uma mente "construtivamente entediada", incentivando a busca por atividades como ler um livro, construir um esconderijo, explorar a vizinhança ou usar tintas para criar. Ele ressalta que encorajar o tédio construtivo é uma maneira de aproximá-las da natureza, destacando a importância de os adultos estarem presentes para brincar e criar com as crianças, longe da tecnologia. Equilibrar a supervisão dos adultos e o tédio das crianças é vital, pois ambos o tédio excessivo e a vigilância podem causar desconforto.

7. A natureza fortalece a amizade

Ao proporcionar recursos para brincadeiras em grupo, a natureza promove laços de amizade duradouros visto que estimula todos os sentidos. Quando exploram o ambiente e trabalham em equipe para objetivos compartilhados, como construir uma casa na árvore, as crianças fortalecem suas amizades pela vida.

8. Superar o medo da natureza

O medo, muitas vezes incutido pelos pais e educadores, pode afastar as crianças da natureza, gerando insegurança em relação ao ambiente natural e seus elementos. Para Louv, superar esse medo é essencial para o desenvolvimento e aprendizado das crianças, encorajando uma interação saudável com a natureza.

Cientistas que pesquisaram a relação entre aprendizagem significativa, neurociência e espiritualidade:

> *"A aprendizagem significativa ocorre quando o novo conhecimento é conectado de forma relevante e pessoal com o conhecimento prévio do indivíduo."*
>
> David Ausubel (psicólogo e educador)

Existem diferentes teorias de aprendizagem que contemplam diferentes parâmetros de ensino. As principais são:

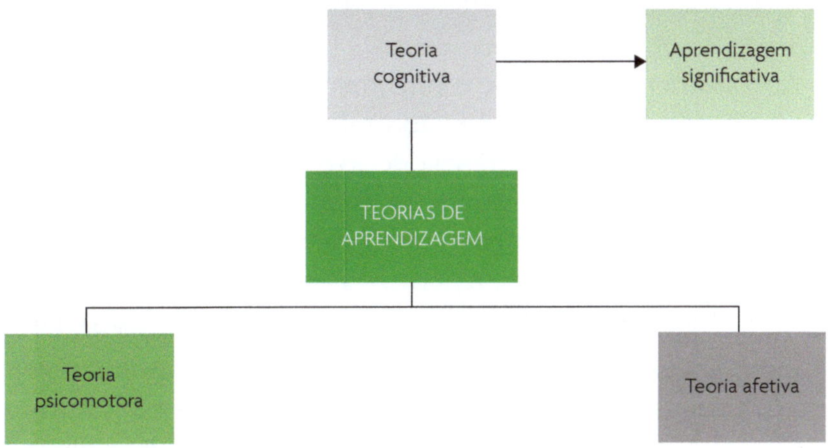

- Teoria cognitiva: concentra-se no estudo dos processos mentais, como a percepção, a memória, o pensamento, a linguagem e a resolução de problemas. Ela busca compreender como as pessoas adquirem, processam, armazenam e utilizam informações para perceber e interagir com o mundo ao seu redor.

  Exemplo de teoria cognitiva: a teoria cognitiva de Jean Piaget propõe que o desenvolvimento cognitivo ocorre em estágios sequenciais, nos quais as crianças constroem ativamente seu conhecimento mediante interação com o ambiente. Piaget descreveu estágios como o sensório-motor (0 a 2 anos), pré-operacional (2 a 7 anos), operacional concreto (7 a 11 anos) e operacional formal (11 anos em diante).

- Teoria afetiva: concentra-se no estudo dos processos mentais, como a percepção, a memória, o pensamento, a linguagem e a resolução de problemas.

  Exemplo de teoria afetiva: a teoria da inteligência emocional de Daniel Goleman propõe que as emoções desempenham um papel crucial no sucesso pessoal e profissional. Goleman argumenta que a inteligência emocional é composta por habilidades como autoconsciência emocional, autogerenciamento emocional, empatia e habilidades sociais. Ele sugere que o desenvolvimento dessas habilidades emocionais é fundamental para o bem-estar e o sucesso nas relações interpessoais.

- Teoria psicomotora: pondera que a aprendizagem está intrinsecamente ligada ao movimento e à expressão corporal.

  Exemplo de teoria psicomotora: a teoria psicomotora de Bernard Aucouturier propõe que o movimento e a expressão corporal são fundamentais para o desenvolvimento global da criança. Aucouturier enfatiza a importância do jogo simbólico e do movimento livre na construção do conhecimento, na expressão emocional e na interação social. Ele sugere que o desenvolvimento psicomotor se efetiva em estágios sequenciais, nos quais a criança adquire habilidades motoras básicas e desenvolve a consciência corporal.

A aprendizagem significativa, advinda da teoria de aprendizagem cognitiva, tem como seu principal defensor o psicólogo da educação estadunidense David Ausubel, que concebeu sua teoria entre 1963 e 1968. Posteriormente, em 2003, o autor enriqueceu suas pesquisas com contribuições de outros autores, como Joseph Novak, Helen Hanesian e Marco Antônio Moreira, no Brasil. A teoria de Ausubel destaca a importância de integrar novos conhecimentos às estruturas cognitivas prévias do aluno.

Essa abordagem pode ser aplicada à espiritualidade, facilitando a conexão entre conceitos espirituais e a compreensão individual do aluno, promovendo um significado mais profundo e pessoal. Isso possibilita que os alunos incorporem e internalizem conceitos espirituais com eficácia, contribuindo para o desenvolvimento da espiritualidade de forma autêntica e significativa. Ausubel avançou suas pesquisas além dos aspectos cognitivos, adotando uma perspectiva construtivista durante os anos 1960. As teorias construtivistas consideram que a construção de novos conhecimentos requer uma base em experiências e conhecimentos prévios. Na educação infantil, a aprendizagem significativa se dá quando as crianças relacionam novos conhecimentos a suas experiências anteriores e atribuem-lhes significado.

A seguir, alguns exemplos de atividades que promovem a aprendizagem significativa na Educação Infantil.

1. Exploração de objetos: permitir que as crianças manipulem e explorem objetos do cotidiano, como blocos, brinquedos, utensílios domésticos, para que possam descobrir suas características, funções e relações.
2. Jogos de classificação: propor jogos em que as crianças classifiquem objetos ou imagens de acordo com características semelhantes, como cor, forma, tamanho, material, promovendo a compreensão de conceitos e a organização do pensamento.
3. Atividades de contagem: realizar atividades que envolvam a contagem de objetos, como contar brinquedos, contar os passos ao caminhar ou contar os dedos das mãos, para que as crianças compreendam o conceito de quantidade e desenvolvam habilidades matemáticas básicas.
4. Exploração do ambiente natural: levar as crianças para explorar a natureza em um jardim, um parque ou uma horta, por exemplo,

para que possam observar plantas, animais, elementos naturais e suas interações e aprender mais sobre o tema.

5. Contação de histórias: contar histórias para as crianças utilizando recursos visuais, como livros ilustrados, fantoches ou objetos, para que elas possam fazer conexões entre as narrativas e suas próprias experiências, desenvolvendo a imaginação, a linguagem e a compreensão narrativa.
6. Projetos temáticos: realizar projetos temáticos, nos quais as crianças possam explorar um tema de interesse, como animais, profissões e alimentos e realizar atividades de pesquisa, experimentação, criação e expressão, promovendo a aprendizagem interdisciplinar e significativa.

Essas são apenas algumas sugestões de atividades que podem promover a aprendizagem significativa na educação infantil. O importante é proporcionar experiências ricas, desafiadoras e contextualizadas, que permitam às crianças construírem seu próprio conhecimento de forma ativa e significativa.

Sobre a aquisição de conhecimentos, Novak e Gowin (1996, p. 19-20) afirmam que:

> *"aprender que o conhecimento é construído pode constituir uma surpresa. Generalizou-se o mito de que as pessoas descobrem o conhecimento. A descoberta pode desempenhar um papel na produção de novo conhecimento, mas não é mais do que apenas uma das atividades envolvidas na criação de novo conhecimento. A construção do conhecimento novo começa com as nossas observações de acontecimentos ou objetos com o recurso aos conceitos que já possuímos. Por acontecimento, entendemos qualquer coisa que acontece ou pode ser forçada a acontecer: o relâmpago é um acontecimento natural; as guerras, a educação e a cisão do átomo são acontecimentos que as pessoas provocam. Por objeto, pretendemos traduzir qualquer coisa que existe e que pode ser observada: os cães, as estrelas e os seres humanos são objetos naturais; as casas, os objetos de cerâmica e os postes totêmicos são objetos construídos pelos seres humanos. Portanto, verifica-se que a construção do conhecimento pode envolver tanto os acontecimentos ou objetos de ocorrência natural como acontecimentos ou objetos construídos pelo homem. O conhecimento não se descobre, como o ouro ou o petróleo. É, sim, construído, como os carros ou as pirâmides."*

PARÁBOLA

O desabrochar da alma

Fonte: Acervo da autoria do capítulo.

A parábola utiliza a metáfora das flores desabrochando para revelar sua beleza ao mundo. Assim como as flores, a alma humana também passa por um contínuo processo de desabrochar, revelando sua essência e singularidade em cada estágio do seu desenvolvimento.

Certa vez, um mestre convidou as crianças de sua aldeia para uma caminhada pela floresta. Enquanto vagavam pelo bosque, o mestre apontou para um pequeno broto, surgindo timidamente do chão e, em seguida, para uma deslumbrante flor colorida em plena floração. As crianças observavam maravilhadas à medida que o mestre lhes contava que aquela pequena semente havia se transformado em algo deslumbrante e vibrante. Eles também puderam avistar um pássaro habilmente construindo seu ninho, um feito de paciência, engenhosidade e amor.

O mestre então compartilhou um ensinamento profundo: assim como o broto cresce transformando-se em uma flor colorida e o pássaro constrói seu ninho com amor e determinação, cada criança tem dentro de si a mesma capacidade de crescimento, transformação e criação. Ao se conectarem com a natureza, as crianças são capazes de descobrir sua própria beleza interior e fortalecer a autoestima, a confiança e a apreciação pela beleza que existe dentro delas.

Ao retornarem à aldeia, as crianças carregavam consigo a sabedoria compartilhada pelo mestre, inspirando-se na natureza para cultivar suas próprias habilidades e fortalezas interiores. Assim, cada broto, cada flor e cada ninho na natureza tornaram-se lembranças vivas do potencial, da força e da beleza que habita em cada um deles, constituindo o propósito de vida que orientará cada passo das crianças em sua jornada.

Referências

1. Ausubel DP, Novak JD, Hanesian H. Psicologia educacional. 2. ed. Rio de Janeiro: Intramericana, 1980.
2. Ausubel DP. Aquisição e retenção de conhecimentos: uma perspectiva cognitiva. Lisboa: Plátano, 2003.
3. Cammarota M, Bevilaqua LRM, Izquierdo I. Aprendizagem e memória. In: Lent R. Neurociência da mente e do comportamento. Rio de Janeiro: Guanabara Koogan, 2008.
4. Canteras NS, Bittencourt JC. Comportamentos motivados e emoções. In: Lent R. Neurociência da mente e do comportamento. Rio de Janeiro: Guanabara Koogan, 2008.
5. Carter R, Aldrige S, Page M, Parker S. O livro do cérebro: funções e anatomia. Tradução de Peter Frances. São Paulo: Duetto, 2009, v. 1.
6. Carter R, Aldrige S, Page M, Parker S. O livro do cérebro: memória, pensamento e consciência. Tradução de Peter Frances São Paulo: Duetto, 2009b. v. 3.
7. Chawla L. In the first country of places: nature, poetry, and childhood memory. Albanyby State: University of New York Press, 1994.
8. Coll C, Martí E. Aprendizagem e desenvolvimento: a concepção genético-cognitiva da aprendizagem. In: Coll C, Marchesi A, Palacios J (org.). Desenvolvimento psicológico e educação. Tradução de Fátima Murad. Porto Alegre: Autores Associados, 2004.
9. Izquierdo I. Questões sobre memória. São Leopoldo: Unisinos, 2009.
10. Jean de La Bruyère (1645-1696). Les Caractères, 1688. Landry, Jean-Pierre. ISBN 13: 9782910979225. LUGD, 1996.
11. Jung CG. Os arquétipos e o inconsciente coletivo. 11. ed., v. 9.1. Petrópolis: Vozes, 2014b.
12. Kahn P; Kellert S. Children and nature: psychological, sociocultural, and evolutionary investigations. [S.l.]: MIT Press. p. 153, 2002.
13. Kandel ER. Em busca da memória: o nascimento de uma nova ciência da mente. Tradução de Rejane Rubino. São Paulo: Companhia das Letras, 2009.
14. Kandel ER. Sob a superfície das coisas. Mente e Cérebro, n. 191, p. 72-75, dez., 2008.
15. Kast V. Jung e psicologia profunda – um guia de orientação prática. São Paulo: Cultrix, 2019.
16. Louv R. Vitamin N: the essential guide to a nature-rich life. New York: Algonquin Books, 2016.
17. Louv, Richard. A última criança na natureza. São Paulo: Aquariana, 2016.
18. Louv, Richard. Vitamin N: The Essential Guide to a Nature-Rich Life. New York: Algonquin Books, 2016.
19. Moreira MA, Caballero MC, Rodríguez ML. Aprendizagem significativa: um conceito subjacente. In: Encuentro Internacional Sobre El Aprendizaje Significativo. Burgos, España, 1997.

20. Moreira MA. Mapas conceituais e aprendizagem significativa. São Paulo: Centauro, 2010.

21. Moser A. Biotecnologia e bioética: para onde vamos? 2. ed. Petrópolis: Vozes, 2004, 266 p.

22. Novak JD. Uma teoria de educação. São Paulo: Pioneira, 1981.

23. Pergher GK, Oliveira RG, Ávila LM, Stein LM. Memória, humor e emoção. Revista Psiquiatra, Rio Grande do Sul, v. 28, p. 61-68, jan./abr. 2006.

24. Piaget J. A formação do símbolo na criança. Tradução de Álvaro Cabral e Christiano Monteiro. 3. ed. Rio de Janeiro: Zahar, 1964.

25. Rocha AF. Neurobiologia e cognição. Revista Interface: Comunicação Saúde e Educação. Botucatu, v. 5, n. 8, 2001.

26. Sarmiento ELP, Garrido LMM, Conde C, Tomaz C, Gowin DB. Aprender a aprender. Lisboa: Plátano, 1996.

27. Sarmiento ELP, Garrido LMM, Conde C, Tomaz C, Novak JD, Hanesian H. Psicologia educacional. Rio de Janeiro: Interamericana, 1980.

28. Sarmiento ELP, Garrido LMM, Conde C, Tomaz C. Aprendizagem significativa: a teoria e textos complementares. São Paulo: Livraria da Física, 2011.

29. Sarmiento ELP, Garrido LMM, Conde C, Tomaz C. Emoção e memória: inter-relações psicobiológicas. Brasília Médica, Brasília, v. 44, p. 24-39, 2007.

30. Vygotsky LS, Luria AR, Leontiev AN. Linguagem, desenvolvimento e aprendizagem. 11. ed. São Paulo: Ícone, 2010.

31. Vygotsky LS. Pensamento e linguagem. [S.l]: Ridendo Castigat Mores (ed.), 2002. E-book. Disponível em: http://www.ebooksbrasil.org/adobeebook/vigo.pdf. Acesso em: 17 jul. 2018.

32. Whitman W. O método (estratégias para o conhecimento e a ação num caminho que se pensa). In: Morin E, Ciurana ER, Motta RD (ela.) Educar na era planetária: o pensamento complexo como método de aprendizagem no erro e na incerteza humana. São Paulo: Cortez/Brasília: Unesco, 2003. cap. 1, p. 16.

33. Wilson EO. Biophilia. Cambridge: Harvard University, 1984. Tradução de Maria Luiza X. de A. Borges. São Paulo: Companhia das Letras, 1997.

Parte III

Ciência e espiritualidade infantojuvenil

Capítulo

6

Desenvolvimento da espiritualidade da infância à adolescência

6.1

Um olhar na saúde mental

Alexander Moreira-Almeida

Professor Titular de Psiquiatria e Diretor do Núcleo de Pesquisas em Espiritualidade e Saúde (Nupes) da Faculdade de Medicina da Universidade Federal de Juiz de Fora (UFJF). Coordenador da Seção de Espiritualidade da Associação Psiquiátrica da América Latina (Apal). Ex-Coordenador das Seções de Espiritualidade e Psiquiatria das Associações Mundial (WPA 2014-2020) e Brasileira (ABP 2014-2021) de Psiquiatria.

Victoria Matos

Mestranda em Saúde na Faculdade de Medicina da Universidade Federal de Juiz de Fora (UFJF). Graduada em Psicologia pela Universidade Federal do Ceará (UFC).

Contextualização

A religião e a espiritualidade (RE) na infância são uma temática ainda recente no campo acadêmico. Das pesquisas atuais, destacaremos duas proposições centrais para o presente capítulo: a espiritualidade como uma capacidade humana presente desde a infância (Miller, 2015); e seu desenvolvimento por meio de estágios (Fowler, 1995).

A psicóloga Lisa Miller (2015), referência na pesquisa da espiritualidade na infância e juventude, defende a existência, no ser humano, desde o início, de uma inclinação para a busca do transcendente. Posteriormente, haveria uma motivação em âmbito desenvolvimental de tornar a conexão com o transcendente própria e individual, que teria como resultado a conexão íntima com um Poder Superior. Fowler (1995) desenvolveu um estudo que se tornou clássico sobre os estágios do desenvolvimento da espiritualidade ao longo da vida. Na infância, de zero a 11 anos, foram divididos em três: indiferenciação; fé intuitivo-projetiva; e miticoliteral.

Prevalência e impacto da religiosidade e da espiritualidade em crianças e adolescentes

Estudos populacionais no Brasil indicam altos níveis de RE na infância e adolescência. Em um levantamento com amostra representativa da população brasileira, cerca de 90% dos adolescentes afirmaram ter uma religião, 73% consideraram a religião como algo muito importante e 35% frequentavam serviços religiosos pelo menos uma vez por semana (Moreira-Almeida e colaboradores, 2010). Em outro estudo, com 276 crianças no 6º ano do ensino fundamental (idade média de 11 anos), de diversas escolas da cidade de Juiz de Fora (MG), 88% das crianças afirmaram considerar a RE importante ou muito importante. Aquelas que relataram nunca ou quase nunca sentir a presença de Deus (direta ou indiretamente por meio dos outros) tinham 91% menos chances de se declararem felizes em comparação a quem respondeu que o faziam muitas vezes ao dia (Oliveira, 2019). Esses dados indicam a prevalência e a importância do tema para a infância e a adolescência brasileiras. Um grande estudo longitudinal, nos Estados Unidos, constatou que a frequência semanal de adolescentes a serviços religiosos foi fator protetivo, na vida adulta, em relação a uso e abuso de drogas, sintomas depressivos, iniciação sexual precoce, além de ser promotora de maior satisfação e senso de missão na vida (Chen; Vanderweele, 2018).

É também relevante notar os benefícios da RE para a saúde mental infantil. Em pesquisa realizada no Brasil (Oliveira, 2019), com amostra de 276 crianças do 6º ano escolar, observou-se que as que afirmaram nunca sentir o amor ou a presença de Deus, em comparação com as que afirmaram sentir isso muitas vezes ao dia, tiveram nove vezes menos chances de se considerarem felizes. Não frequentar um serviço religioso, em comparação com as que o faziam mais de uma vez por semana, teve relação com menores chances de se considerarem felizes. Quando questionadas se acreditavam que existia um Deus que cuidava delas, 68% afirmaram "concordar totalmente" e 29%, "concordar". A maioria (88,7%) afirmou considerar a RE importante ou muito importante. É digno de nota também que, em uma escala que contava com uma lista variada, desde esporte, videogames, brincadeiras, as crianças elegeram em primeiro lugar Deus, seguido de família e religião como suas prioridades (Oliveira, 2019).

A partir dessa compreensão, abordaremos evidências a respeito da influência da vivência da RE infantil sobre as fases da adolescência e da vida adulta. Acerca da adolescência, um estudo nos mostra o seguimento de 6 mil sujeitos durante o período de cerca 14 anos (Chen; Vanderweele, 2018). Avaliou-se a frequência a serviços religiosos, bem como oração e meditação, com variáveis de saúde física, mental e forças de caráter. Os resultados apontam, quando considerados os grupos de nenhuma frequência a serviços religiosos e frequência de pelo menos uma vez na semana, a maior satisfação de vida, o maior senso de missão, maior capacidade de perdão, menos uso e abuso de maconha, iniciação sexual mais tardia, menos sintomas depressivos, menos hábito de fumar. Quando comparado o grupo que nunca orava ou meditavam ao que fazia isso pelo menos uma vez por semana, este apresentou maior afeto positivo; maior perdão; menos probabilidade de uso de drogas, de iniciação sexual precoce e de contrair doenças sexualmente transmissíveis (DST) (Chen; Vanderweele, 2018).

Sobre o impacto na vida adulta, foram investigados 114 sujeitos ao longo de dez anos, comparando o grupo que era de filhos de pais depressivos com o grupo que não era (Jacobs e colaboradores, 2012). Foi encontrado, entre aqueles sujeitos que tinham um dos pais com depressão, fator considerado de risco para desenvolvimento do transtorno, que a atribuição de alta importância à RE resultou em 90% menos chance de desenvolverem depressão maior quando comparados aos que não atribuíam (Jacobs e colaboradores, 2012). Em outro estudo com mais de 531 dependentes graves de *crack* no Brasil, foi observada a relação entre a frequência religiosa na adolescência e o início mais tardio e menos intenso do uso da droga, menos envolvimento com criminalidade bem como menos *fissura* na fase de recuperação do uso (Rezende-Pinto e colaboradores, 2018).

Desse modo, observa-se que as evidências apontam um impacto geralmente positivo da RE na saúde e desenvolvimento social das crianças e adolescentes. No entanto, permanece a questão: como as crianças de fato vivenciam a espiritualidade em seu dia a dia? Poderiam existir etapas observáveis de maturação cognitiva dessa vivência? O objetivo deste capítulo é investigar as fases de desenvolvimento espiritual bem como exemplificar de que modo temos isso em nossa constituição, de modo a auxiliar pais e profissionais a lidar com os pequenos para melhor compreendê-los e acolhê-los em suas dificuldades.

Estágios da fé

A teoria de estágios da fé desenvolvida por Fowler busca sintetizar observações clínicas e de pesquisas para formular um modelo de desenvolvimento da espiritualidade ao longo da vida (Fowler, 1995). Neste capítulo, abordaremos os estágios 0, 1 e 2, que vão de zero a 11 anos de idade, cobrindo o período da infância.

- Estágio zero: é o da indiferenciação (de zero a 1 ano) e caracteriza-se pelas experiências iniciais de relação mútua, de consciência rudimentar de ser um ente separado dos outros, totalmente dependente de outras pessoas. A relação com outros seres caracteriza-se pelos princípios de confiança, de esperança e de amor. Porém, as vivências podem ser positivas ou de abandono ou outras privações. Nessa fase, já seriam formadas as imagens de Deus a partir da relação com os outros (Fowler, 1995). A experiência da espiritualidade seria anterior à socialização religiosa, isto é, antes da "absorção cultural" da religião (Boyatzis, 2013). O desfecho esperado dessa fase seria o estabelecimento da confiança básica e da relação recíproca com o cuidador amoroso (Fowler, 1995).

- Estágio um: é o da fé intuitivo-projetiva (de 2 a 6 anos) e caracteriza-se pela junção de pensamento e linguagem, o que possibilita a utilização de símbolos para organização de significados. Nessa fase, os contos de fadas propiciam simbolizações de terrores internos, bem como modelos de bondade e bravura, em que o bem triunfa sobre o mal. A contação de histórias religiosas poderá influenciar a imaginação da criança tanto em sentido de apoio e suporte amoroso para umas, como de terror e desamparo para outras. Por isso, é importante que as histórias bíblicas (ou outros textos religiosos) sejam contadas por adultos responsáveis e amorosos capazes de oferecer espaço de esclarecimento, amadurecimento e significação das temáticas apresentadas (ainda que envolvam mortes ou outras questões complexas para a mente infantil). Também se deve evitar o acesso, não supervisionado por adultos, a histórias variadas (religiosas ou não), televisivas ou por outros meios de comunicação (incluindo, hoje em dia, redes sociais) (Fowler, 1995).

  Os ambientes de convivência como a casa, a escola e os templos religiosos contribuem de modo significativo para a imaginação religiosa na mente da criança por intermédio do aprendizado social (Fowler, 1995). A partir disso, a criança elaborará suas imagens de Deus que poderão ter características antropomórficas (Boyatzis, 2013), bem como exclusivamente divinas (Barrett; Keil, 1996; Barrett; Richert, 2003). Por exemplo, em um estudo com crianças a partir de 5 anos, verificou-se que elas compreendiam que Deus conhecia as orações que as pessoas realizavam, sem ter a necessidade de ouvi-las (Woolley; Phelps, 2001).

- Estágio dois: é o da fé miticoliteral (de 7 a 11 anos), caracterizada pela busca de organização de um mundo real separado do mundo de faz de conta. Em contraste com o egocentrismo do estágio 1, há o esforço de relacionar o ponto de vista particular com o daqueles à volta, dada a observação de um mundo mais regular e ordenado (Fowler, 1995). Haveria a busca de uma visão de mundo com base na reciprocidade e igualdade entre as pessoas, em que as leis advindas de Deus deveriam ser aplicadas de modo equivalente a todos. Há, nesse estágio, um importante desenvolvimento: a aquisição da capacidade de construir uma narrativa que expressa sua própria experiência (Fowler, 1995). Porém, dada a limitação da criança em extrair princípios morais das histórias, ela pode alcançar uma compreensão literal e rígida com tendência ao perfeccionismo (Fowler, 1995). Como exemplo, em um estudo, foram observadas crianças de 5 a 12 anos que relataram a prece como um ato externo, estereotipado, sem nenhuma função particular e crianças de 7 a 9 anos que viam a prece como uma ação que se realiza somente quando se tem algo a pedir a Deus (Long; Elkind; Spilka, 1967). É possível auxiliar a criança nessa idade por meio da busca de material empírico sobre o tema, visto o desejo comum de entender o mundo de forma racional e ordenada, bem como explicar os motivos para realização das práticas religiosas privadas ou comunitárias, pois a criança, nessa fase, aprecia conhecer as histórias de outras pessoas e da sua comunidade para se conectar melhor a elas (Fowler, 1995). Além disso, pode-se contar histórias reais de vivência da espiritualidade que colaborem em solucionar suas dúvidas ou ilustrar situações por meio de histórias da literatura que abordem personagens com a sua mesma demanda.

Portanto, a partir da teoria aqui apresentada, é possível compreender o papel fundamental que os pais têm na formulação do imaginário religioso da criança, em seu exemplo pessoal e em propiciar um espaço de acolhimento para as dúvidas e temores infantis, de modo a esclarecê-los. Um estudo com uma amostra nacionalmente representativa de crianças dos Estados Unidos (n = 17.000) observou que a maior frequência a serviços religiosos pelos pais (tanto em conjunto com a família como individualmente) foi preditora, entre seus filhos, de mais desfechos sociais positivos (p. ex., autocontrole) e de menos desfechos negativos (p. ex., sintomas internalizantes, como ansiedade e depressão) (Bartkowskl; Xu; Levin, 2008).

Presença da espiritualidade no humano desde a infância

A espiritualidade infantil pode tomar várias formas, como a conexão com animais de estimação, a natureza no jardim de casa, a visão bondosa sobre outras pessoas (Miller, 2015). A potencialidade da espiritualidade natural incentivada na infância pela família pode tornar-se recurso valioso na adolescência para a saúde geral (Miller, 2015). Esse desenvolvimento também inclui uma abertura para a vida e o sentido de unidade das coisas (Miller, 2015).

Uma pesquisa publicada no *American Journal of Psychiatry* (Kendler; Gardner; Prescott, 1997) com 1.900 gêmeas mulheres (média de 30 anos de idade) investigou a "devoção pessoal", caracterizada como uma relação pessoal com o divino (que poderíamos definir como um aspecto da espiritualidade), e o "conservadorismo pessoal", que seria a tendência a seguir e viver de acordo com um credo de modo mais rigoroso. A "devoção pessoal" foi investigada mediante questões sobre práticas religiosas privadas, *coping* religioso espiritual e compromisso (religiosidade intrínseca). Nessa pesquisa, os itens "devoção pessoal" e o "conservadorismo pessoal" tiveram algumas correlações, mas emergiram como dois conceitos diferentes. Ou seja, em estudo com gêmeas, espiritualidade e religiosidade, diferenciaram-se entre os pares. Miller (2015) defende que esse estudo pode apontar um caminho de compreensão da espiritualidade como constitutiva do ser humano e diferenciada do aspecto apenas religioso formal (conservadorismo pessoal).

Um estudo com 676 adolescentes estadunidenses (Miller; Davies; Greenwald, 2000) que investigou uso e abuso de substância em relação com religiosidade aponta que a "devoção pessoal" e a afiliação a religiões mais conservadoras foram protetivas para uso e abuso de várias substâncias (álcool, maconha, cocaína ou outras drogas contrabandeadas). No entanto, "conservadorismo pessoal" somente foi protetivo para uso de álcool, e não outras substâncias investigadas (como maconha, cocaína etc.). Isso indica que a espiritualidade, como busca de uma relação mais próxima do Poder Superior, pode ser mais relevante para a fase da adolescência do que somente a obediência a regras de um credo específico.

Ainda nesse estudo, é interessante notar que, diferentemente de Kendler, Gardner e Prescott (1997) que investigaram adultos, a devoção pessoal e o conservadorismo pessoal na adolescência foram correlacionados mais fortemente em adolescentes. O que reforça a compreensão de Fowler (1995) segundo a qual, da infância para a adolescência, a religiosidade e a espiritualidade ainda são vividas de modo muito próximo, o que, na fase adulta, virá a se diferenciar de modo mais claro (Miller; Davies; Greenwald, 2000).

É relevante, portanto, atentar para a necessidade de acolher a espiritualidade infantil, abrir espaço de vivência no cotidiano por meio do contato com a natureza, com animais de estimação e desenhos e permitir a expressão de temores ou dúvidas relacionadas às temáticas espirituais-religiosas com o devido esclarecimento destas, bem como acompanhar o contato da socialização religiosa da criança para que possa se desenvolver de modo pleno. Acolher temores e dúvidas que possam surgir nesse processo e apoiar práticas que beneficiem a melhor aquisição de habilidades sociais das crianças são igualmente importantes. Caso contrário, as crianças podem sucumbir às pressões sociais de sentirem-se valorizadas apenas por sua performance e relacionarem-se com os outros dessa mesma forma (Miller, 2015).

...

Observamos, ao longo deste capítulo, a importância da RE no desenvolvimento saudável na infância por meio da promoção de bem-estar e felicidade e de seus efeitos protetivos para a adolescência e a fase adulta, com menores índices de depressão e abuso de substâncias.

Foram abordadas as possíveis etapas de desenvolvimento da espiritualidade desde o nascimento, iniciando-se pela indiferenciação até a fase miticoliteral. A influência da família e seu exemplo na vivência da espiritualidade contribuirão para a formulação infantil do tema e seu imaginário religioso. É também interessante notar que o acompanhamento de um adulto de confiança ao lidar com as histórias religiosas, explicando e esclarecendo dúvidas, pode propiciar um entendimento mais claro da vivência religiosa e dos significados dos símbolos para aquela comunidade de fé. Isso auxiliará a criança a integrar-se mais à comunidade, se assim o desejar.

Exploramos a possibilidade do aspecto constitutivo da espiritualidade dos seres humanos, que implicaria a necessidade de maior atenção a essa vivência infantil, bem como um maior direcionamento das dúvidas e questões que os pequenos possam ter. Dessa forma, em Kendler, Gardner e Prescott (1997), encontramos sugestões de uma diferença entre espiritualidade e religiosidade. Observamos, no estudo de Miller (2000), que, para adolescentes, a "devoção pessoal" foi item protetivo contra uso de substâncias, diferenciando-se do "conservadorismo pessoal", que protegeu contra o uso de álcool. Pudemos compreender que a espiritualidade, como busca de relação com o aspecto transcendente da realidade, pode se expressar desde idades pequenas e isso se torna ainda mais evidente quando observamos a relação das crianças com a natureza e animais de estimação. Cultivada essa relação, os benefícios, na fase da adolescência, são apontados em diversos estudos.

Conforme as crianças se tornem adolescentes e, em seguida, jovens adultos, tenderão a retomar os aprendizados da infância e construir, pouco a pouco, as suas próprias concepções religiosas e espirituais.

Referências

1. Barrett JL, Keil FC. Conceptualizing a Nonnatural Entity: Anthropomorphism in God Concepts. Cognitive Psychology, v. 31, n. 3, p. 219-247, dez. 1996.
2. Barrett JL, RICHERT RA. Anthropomorphism or Preparedness? Exploring Children's God Concepts. Review of Religious Research, v. 44, n. 3, p. 300-312, mar. 2003.
3. Bartkowski JP, Xu X, Levin ML. Religion and child development: evidence from the early childhood longitudinal study. Social Science Research, v. 37, n. 1, p. 18-36, mar. 2008.
4. Boyatzis CJ. The nature and functions of religion and spirituality in children. In: Pargament KI, Exline JJ, Jones JW (eds.). APA handbook of psychology, religion, and spirituality (v. 1): context, theory, and research. Washington: American Psychological Association, 2013. v. 1, p. 497-512.
5. Chen Y, Vanderweele TJ. Associations of religious upbringing with subsequent health and well-being from adolescence to young adulthood: an outcome-wide analysis. American Journal of Epidemiology, v. 187, n. 11, p. 2355-2364, 1 nov. 2018.
6. Fowler JW. Stages of faith: the psychology of human development and the quest for meaning. Nova York: HarperOne, 1995.
7. Jacobs M et al. Family religion and psychopathology in children of depressed mothers: ten-year follow-up. Journal of Affective Disorders, v. 136, n. 3, p. 320-327, fev. 2012.
8. Kendler KS, Gardner C, Prescott CA. Religion, psychopathology, and substance use and abuse: a multimeasure, genetic-epidemiologic study. American Journal of Psychiatry, v. 154, n. 3, p. 322-329, 1997.

9. Long D, Elkind D, Spilka B. The Child's Conception of Prayer. Journal for the Scientific Study of Religion, v. 6, p. 101-109, 1967.
10. Long D, Elkind D, Spilka B. The child's conception of prayer. Journal for the Scientific Study of Religion, v. 6, p. 101-109, 1967.
11. Miller L, Davies M, Greenwald S. Religiosity and substance use and abuse among adolescents in the national comorbidity survey. Journal of the American Academy of Child and Adolescent Psychiatry, v. 39, n. 9, p. 1190-1197, 2000.
12. Miller LJ. The spiritual child: the new science on parenting for health and lifelong thriving. Nova York: St. Martin's Press, 2015.
13. Moreira-Almeida A et al. Envolvimento religioso e fatores sociodemográficos: resultados de um levantamento nacional no Brasil. Archives of Clinical Psychiatry (São Paulo), v. 37, n. 1, p. 12-15, jan. 2010.
14. Oliveira VHA. Religiosidade, espiritualidade e felicidade na infância e adolescência. Juiz de Fora: Universidade Federal de Juiz de Fora, 2019.
15. Rezende-Pinto A et al. The effect of religiosity during childhood and adolescence on drug consumption patterns in adults addicted to crack cocaine. BJPsych Open, v. 4, n. 5, p. 324-331, 2 set. 2018.
16. Woolley J, PHELPS K. The Development of Children's Beliefs about Prayer. Journal of Cognition and Culture, v. 1, n. 2, p. 139-166, 2001.

6.2
Um olhar na educação

Clarice Gonzaga

Mestre em Engenharia de Produção – Mídia/Conhecimento. Autora do Projeto de Odontoeducação – Indexado no Plano Nacional pela Primeira Infância. Odontopediatra. Membro do Núcleo de Estudo em Espiritualidade da Criança e Adolescente da Sociedade de Pediatria de São Paulo (SPSP). Coordenadora do Núcleo de Estudo em Espiritualidade da Criança e Adolescente Aboped: Regional-Go. Cursando Pós-Graduação em Espiritualidade na Prática Clínica – F. E. – Juiz de Fora, MG; Capelã – Confecap.

Figura 6.2.1. Estruturação de significado.
Fonte: Acervo da autoria do capítulo.

A interseção entre espiritualidade e educação é um tema em ascensão que busca unir aspectos transcendentes ao ambiente escolar. Reconhecer e compreender a dimensão espiritual da infância à adolescência é essencial para promover uma educação completa e atender às variadas necessidades dos estudantes.

Ao reconhecer a importância da espiritualidade desde a infância até a formação dos jovens, a educação pode proporcionar um ambiente mais profundo e compassivo, incentivando a busca por significado e propósito, aspectos essenciais para o desenvolvimento saudável e equilibrado dos alunos.

Essa abordagem que promove valores, como empatia, compaixão e reflexão, fundamentais para uma experiência educativa que visa o desenvolvimento abrangente dos alunos, pode ser dividida em partes:

Parte 1

A integração entre espiritualidade e educação, nos ambientes educacionais. Reconhecer e compreender a dimensão espiritual dos estudantes é fundamental para promover uma educação abrangente. Esse diálogo propõe uma abordagem que vai além do intelecto, visando o desenvolvimento integral, promovendo valores, ética e bem-estar emocional.

Parte 2

A espiritualidade na educação não se vincula necessariamente a crenças religiosas, mas sim à busca de significado. Essa perspectiva visa formar não apenas mentes brilhantes, mas também seres humanos conscientes, compassivos e conectados com algo maior que transcende o conhecimento acadêmico.

Parte 3

O diálogo entre espiritualidade e educação representa uma oportunidade valiosa para cultivar um ambiente escolar mais inclusivo, compassivo e enriquecedor para todos os envolvidos. Dessa forma, identificar a correlação entre espiritualidade e educação, com o propósito de promover uma prática educativa pautada na compaixão e no respeito mútuo.

> *"A espiritualidade é uma característica exclusiva do ser humano. Segundo Dalai-Lama (Boff, 2001), espiritualidade é definida como "aquilo que produz no ser humano uma mudança interior". Dessa forma, a espiritualidade equivale às "motivações maiores e últimas, seu ideal, sua utopia, sua paixão, a mística pela qual vive e luta e com a qual contagia."*
>
> Casaldáliga, 1998

De acordo com o pensamento expresso por Boff (1999), no livro *Saber cuidar: ética do humano-compaixão pela Terra*, é evidente que a atenção tem se concentrado demasiadamente na geração de ideias em detrimento da execução destas. Como o lendário inventor Thomas Edison afirmou, "o gênio é 1% inspiração e 99% transpiração". Para tornar grandes ideias realidade, devemos agir, experimentar, falhar, adaptar e aprender diariamente. Assim, é essencial que informações cheguem aos profissionais de todas as áreas da saúde e educação que cuidam desse "ser" tão indefeso para promover a concretização das ideias, transformando-as em conhecimento sólido. Não se trata apenas de gerar mais ideias, mas também de capacitar as pessoas a concretizarem as já concebidas. Portanto, é fundamental dar espaço à ação e ao dinamismo, frente às novas tecnologias do cuidado, para atender aos novos paradigmas e promover o autodesenvolvimento, as transformações e a autorreflexão, a fim de facilitar a compreensão e a reflexão epistemológica.

Conforme Ausubel (1965), novos significados são adquiridos quando símbolos, conceitos e proposições são relacionados e incorporados à estrutura cognitiva de uma forma não arbitrária e substancial. Dado que a estrutura cognitiva tende a ser hierarquicamente organizada em termos de abstração, generalidade e inclusividade, a emergência de novos significados reflete a "subsunção" de um material potencialmente significativo por um conteúdo mais abrangente. Além disso, pode ocorrer uma situação na qual o novo material aprendido é uma extensão, elaboração ou qualificação de conceitos previamente aprendidos.

A teoria educacional de Ausubel sustenta que, por ter como ponto de partida o conjunto de conhecimentos preexistentes que os alunos têm, é possível trabalhar a espiritualidade. A esse conjunto de conhecimentos, Ausubel denomina "estrutura cognitiva", que ele considera como a variável mais relevante a ser considerada pelo professor ao ensinar. O professor precisa estar atento tanto ao conteúdo em si quanto à forma como esse conteúdo é organizado na estrutura cognitiva. O conteúdo que é assimilado pela estrutura cognitiva assume uma forma hierárquica, em que conceitos mais amplos abrangem conceitos menos abrangentes.

Nessa perspectiva, a aprendizagem significativa é um processo cognitivo no qual o conceito de mediação está integralmente presente. Para que a aprendizagem seja significativa, é primordial estabelecer uma relação entre o conteúdo a ser aprendido e aquilo que o aluno já conhece, como uma imagem, um conceito ou uma proposição.

Quando um novo conteúdo interage com um conceito mais amplo, os efeitos iniciais da inclusividade facilitam tanto a aprendizagem como a retenção.

Para Vygotsky (1987), um conceito só poderá tornar-se consciente e subordinar-se ao controle deliberado quando ingressar em um sistema.

> *"Se consciência significa generalização, a generalização por sua vez, significa a formação de um conceito supraordenado que inclui o conceito dado como caso específico. Um conceito supraordenado implica a existência de uma série de conceitos subordinados, e pressupõe também uma hierarquia de conceitos de diferentes níveis de generalidade. Assim, o conceito dado é inserido em um sistema de relações de generalidade."*
>
> Vygotsky, p. 80

Ausubel, em toda a sua obra, constantemente, assinala o papel dos conceitos superordenados e subordinados na aprendizagem significativa.

Vygotsky (1987) fornece um exemplo com intuito de ilustrar a função de diferentes graus de generalidade no surgimento de um sistema que pode contribuir no entendimento da função dos conceitos supraordenados:

> *"Uma criança aprende a palavra 'flor' e, logo depois, a palavra 'rosa'; durante muito tempo o conceito flor, embora de aplicação mais ampla que rosa, não pode ser considerado o mais geral para a criança. Não inclui e não subordina a si a palavra rosa – os dois são intercambiáveis e justapostos. Quando flor se generaliza, a relação entre flor e rosa, assim como entre flor e outros conceitos subordinados, também se modifica na mente da criança. Um sistema está se configurando."*
>
> Vygotsky, p. 80

A estabilidade na memória de um material significativo é reforçada pela ancoragem na estrutura cognitiva. O estabelecimento de uma rede de conceitos interconectados, com diferentes níveis de abrangência, aumenta a resistência ao esquecimento.

Em todas as atividades, devemos ajudar a criança e o adolescente a desenvolverem a autoestima, propiciando-lhes oportunidades para aumentar a confiança na sua capacidade de aprender, incentivando-os a se apreciarem e a agirem corretamente, aprendendo a se defenderem de situações desestimuladoras e a valorizarem as conquistas do outro, adotando atitudes flexíveis, desenvolvendo a criatividade e procurando alcançar novas metas.

A autoestima é uma necessidade humana fundamental. Segundo Branden (1995), a autoestima é:

> *"Confiança em nossa capacidade de pensar, confiança em nossa capacidade de dar conta dos desafios básicos da vida e confiança em nosso direito de vencer e sermos felizes; a sensação de que temos valor e de que merecemos e podemos afirmar nossas necessidades e aquilo que queremos, alcançar nossas metas e colher os frutos de nossos esforços."*
>
> Branden

MEMORIZE!

No mundo atual, há uma valorização significativa da matéria, do ter e do poder, às vezes relegando o aspecto espiritual a segundo plano. Isso tem causado uma profunda crise de sentido de vida. No entanto, é notável o surgimento de uma forte tendência na busca pela prática de valores há muito esquecidos, como a espiritualidade, que, até então, não fazia parte das preocupações do meio científico.

De acordo com Kuhn (1975), "paradigmas são as realizações universalmente reconhecidas e, durante algum tempo, fornecem problemas e soluções modelares para uma comunidade de praticantes da ciência".

Ao recomendar que criemos metáforas entre os novos conhecimentos e os conhecimentos vivenciados, David Ausubel sugere que essa prática aumenta a probabilidade de alcançar uma aprendizagem significativa por meio da experimentação e interação. Além disso, é relevante destacar que o equilíbrio cognitivo é um estado dinâmico capaz de estabelecer e manter a ordem funcional e estrutural do sistema em um constante processo de construção, desconstrução e reconstrução. Esse processo pode ser comparado à inovação, que requer uma abordagem constante e lúdica de experimentação, similar à atitude de "crescimento mental" que envolve a disposição para reconhecer as próprias limitações e estar aberto a novos aprendizados.

Efetivamente,

> *"Para haver aprendizagem significativa são necessárias duas condições. Em primeiro lugar, o aluno precisa ter uma disposição*

para aprender: se o indivíduo quiser memorizar o conteúdo arbitrária e literalmente, então a aprendizagem será mecânica. Em segundo, o conteúdo escolar a ser aprendido tem que ser potencialmente significativo, ou seja, ele tem que ser lógica e psicologicamente significativo: o significado lógico depende somente da natureza do conteúdo, e o significado psicológico é uma experiência que cada indivíduo tem. Cada aprendiz faz uma filtragem dos conteúdos que têm significado ou não para si próprio."

Pelizzari, 2002

RELEMBRE!

Moreira, com o intuito de promover a aprendizagem significativa, destaca a importância do uso de mapas conceituais como ferramenta para que os professores identifiquem os subsunçores na estrutura cognitiva dos alunos. Os subsunçores, termo utilizado na psicologia para descrever a estrutura cognitiva existente que favorece novas aprendizagens, atuam como organizadores essenciais para os conceitos a serem estudados em determinado assunto.

Mapas conceituais foram desenvolvidos para promover a aprendizagem significativa. A análise do currículo e o ensino sob uma abordagem ausubeliana, em termos de significados, implicam: 1) identificar a estrutura de significados aceita no contexto da matéria de ensino; 2) identificar os subsunçores (significados) necessários para a aprendizagem significativa da matéria de ensino; 3) identificar os significados preexistentes na estrutura cognitiva do aprendiz; 4) organizar o conteúdo e selecionar materiais curriculares, usando as ideias de diferenciação progressiva e reconciliação integrativa como princípios programáticos; 5) ensinar usando organizadores prévios, para fazer pontes entre os significados que o aluno já tem e os que ele precisaria ter para aprender significativamente a matéria de ensino, bem como para o estabelecimento de relações explícitas entre o novo.

Sedimentação de bases sólidas

1. Desenvolvimento saudável na infância
    - Promoção de bem-estar e felicidade: abordagem das estratégias educacionais que visam promover um ambiente propício para o

desenvolvimento emocional, mental e físico saudável das crianças, com medidas que incentivam o bem-estar e a felicidade na rotina educacional.

- Efeitos protetivos para a adolescência: exploração dos impactos positivos das práticas educacionais no desenvolvimento na infância, que contribuem para reduzir fatores de risco e fortalecer a resiliência no período da adolescência.
- Redução de depressão e abuso de substâncias: investigação de como a educação voltada para o desenvolvimento saudável na infância pode contribuir na prevenção da depressão e do abuso de substâncias na adolescência, destacando a importância de intervenções educacionais.

2. Etapas de desenvolvimento da espiritualidade

- Durante a infância, desde o momento do nascimento até a fase de compreensão simbólica: é essencial analisar as várias etapas do desenvolvimento espiritual. Isso requer foco na educação que não apenas acompanha, mas também estimula a compreensão espiritual em cada fase do crescimento infantil.
- Influência da família e exemplo na vivência da espiritualidade: exploração da contribuição da educação familiar e do modelo proporcionado nas experiências espirituais e religiosas das crianças e como isso pode ser orientado efetivamente no contexto educacional.
- Acompanhamento de um adulto de confiança para esclarecer dúvidas e proporcionar entendimento: destaque para a importância da orientação e do diálogo aberto com adultos de confiança no ambiente educacional para esclarecer dúvidas e fomentar a compreensão espiritual das crianças.

3. Aspecto constitutivo da espiritualidade

- Diferença entre espiritualidade e religiosidade: abordagem da distinção entre espiritualidade e religiosidade no contexto educacional e como a compreensão mais ampla desses domínios pode enriquecer o desenvolvimento espiritual dos alunos.

- Impacto da espiritualidade desde a infância até a adolescência e a fase adulta: investigação do impacto contínuo da espiritualidade ao longo das diferentes fases da vida, com destaque para a interseção com a prática educacional.
- Tendência a retomar aprendizados da infância quando se tornarem adolescentes e jovens adultos: exploração da tendência ao resgate e ao desenvolvimento das concepções religiosas e espirituais na adolescência e na idade adulta, considerando-se a influência da educação recebida na infância.

4. Importância da orientação e do esclarecimento desde tenra idade
    - Fundamentação para a compreensão espiritual: destaque para a importância da orientação e de esclarecimento desde tenra idade como base essencial na compreensão espiritual, garantindo que os conceitos sejam apresentados de forma clara e adequada à maturidade das crianças, como parte essencial do processo educacional.
    - Influência positiva no desenvolvimento e bem-estar das crianças e dos adolescentes: enfatização do impacto positivo da orientação espiritual, desde a infância, na promoção do desenvolvimento saudável, contribuindo para o bem-estar emocional e mental das crianças e adolescentes, com foco no contexto educacional.

Respeito às diferenças individuais

As múltiplas habilidades do indivíduo, identificadas por Gardner (1995), constituem um pilar importante para a compreensão e consideração da individualidade:

> *"Mas existe uma visão alternativa que eu gostaria de apresentar – baseada numa visão da mente radicalmente diferente, que produz um tipo de escola muito diferente. É uma visão pluralista da mente, reconhecendo muitas facetas diferentes e separadas da cognição, reconhecendo que as pessoas têm forças cognitivas diferenciadas e estilos cognitivos contrastantes."*

PARÁBOLA

Florescimento espiritual

Fonte: Acervo da autoria do capítulo.

A metáfora faz analogia da jornada das flores, simbolizando o crescimento espiritual das crianças, desde a delicadeza da infância até o florescer da adolescência, semelhante ao processo de amadurecimento, fortalecimento e expansão da espiritualidade ao longo do tempo.

> *"Ao longo do riacho sereno, onde a luz dourada do sol dançava entre as árvores, um jardim enigmático revelava-se em toda a sua glória. Dentro desse jardim, uma coleção de flores únicas florescia exuberantemente, cada uma representando o potencial espiritual latente em cada indivíduo. Desde os primeiros passos da infância, a guardiã do jardim, Ananda, acompanhava atentamente o grande mover das flores em sua jornada espiritual, nutrindo-as e protegendo-as. Com sabedoria e compaixão, Ananda tecia histórias de amor e esperança por meio das cores e dos aromas exuberantes das flores, inspirando-as a alcançar sua plenitude espiritual.*
>
> *Mesmo durante as estações de mudança na adolescência, Ananda permanecia atenta, orientando cada flor em sua jornada única de autodescoberta, incentivando-as a estender suas raízes profundamente na terra fértil do conhecimento espiritual, e a abrir suas pétalas para revelar a iridescente luz interna. Ela continuava a ser a guardiã do florescimento espiritual, infundindo cada momento com reverência, crescimento e conexão.*
>
> *O riacho suave, as árvores antigas e a presença cuidadosa de Ananda personificavam a sinergia da natureza e da orientação espiritual, sustentando e nutrindo o desenvolvimento íntimo e etéreo das flores desde seus primeiros passos até a adolescência. Esse jardim enigmático era mais do que um mero espaço físico; era um santuário de transcendência espiritual, onde a jornada interior de cada flor era tocada pela mão amorosa de sua guardiã Ananda."*

Referências

1. Ausubel D. A cognitive structure view of word and concept meaning. In: Anderson RC, Ausubel D. Readings in the psychology of cognition. New York: Holt, Rinehart and Winston, 1965.
2. Ausubel DP. A aprendizagem significativa: a teoria de David Ausubel. São Paulo: Moraes 1982.
3. Boff L. Espiritualidade: um caminho de transformação. Rio de Janeiro: Sextante; 2001.
4. Boff L. Saber cuidar: ética do humano compaixão pela terra. Petrópolis: Vozes, 1999.
5. Branden N. A auto-estima e seus seis pilares. Tradução de Vera Caputo. São Paulo: Saraiva, 1995.
6. Branden N. O poder da auto-estima. Tradução de Maria Silvia Mourão Neto. 2. ed. São Paulo: Saraiva, 1994.
7. Casaldáliga DP. Nossa espiritualidade. São Paulo: Paulus, 1998.
8. Delari Júnior A. Gênese social da personalidade na visão de Vigotsky: aproximação indireta à "educação estética". In: Pederiva PLM, Gonçalves ACAB, Abreu FSD de (orgs.). Educação estética: a arte como atividade educativa. São Carlos: Pedro & João Editores, 2020a. p. 53-74.
9. Gardner H. Inteligências múltiplas: a teoria na prática. Tradução de Maria Adriana Veríssimo Veronese. Porto Alegre: Artes Médicas, 1995.
10. Kuhn TS. A estrutura das revoluções científicas. São Paulo: Perspectiva, 1975.
11. Moreira MA. Mapas conceituais e aprendizagem significativa. Texto adaptado e atualizado, em 1997, de um trabalho com o mesmo título publicado em O Ensino, Revista Galaico Portuguesa de Sócio-pedagogia e Sócio-linguística, Pontevedra 1988;23(28):87-95.
12. Pelizzari A, Kriegl ML, Baron MP, Finck NTL, Dorocinski SI. Teoria da aprendizagem significativa segundo Ausubel. Rev PEC 2002;1(2): 37-41.
13. Vygotsky LS. Conclusiones. Futuras vías de investigación. Desarrollo de la personalidad del niño y de su concepción del mundo. In: Vygotsky LS. Obras Escogidas Tomo III. Madrid: Visor, 2000a. p. 327-340.
14. Vygotsky LS. O manuscrito de 1929 [Psicologia concreta do homem]. Educação & Sociedade, ano XXI, n. 71, p. 21-44, 2000b.

Parte IV

Ciência e espiritualidade – ferramenta transdisciplinar

Capítulo

7

União de saberes

A importância de integrar a espiritualidade como ferramenta transdisciplinar

Clarice Gonzaga

Mestre em Engenharia de Produção – Mídia/Conhecimento. Autora do Projeto de Odontoeducação – Indexado no Plano Nacional pela Primeira Infância. Odontopediatra. Membro do Núcleo de Estudo em Espiritualidade da Criança e Adolescente da Sociedade de Pediatria de São Paulo (SPSP). Coordenadora do Núcleo de Estudo em Espiritualidade da Criança e Adolescente Aboped: Regional-Go. Cursando Pós-Graduação em Espiritualidade na Prática Clínica – F. E. – Juiz de Fora, MG; Capelã – Confecap.

Francisco Antônio Pereira Fialho

Professor Doutor Titular da Universidade de Santa Catarina. Coordenador do Núcleo de Complexidade e Cognição (NUCOG) e Núcleo da Cognição e Consciência (NEDECC).

A união de saberes, que inclui a espiritualidade, pode ser uma ferramenta poderosa para fortalecer os alicerces do desenvolvimento e do bem-estar do público infantojuvenil, preparando-o para enfrentar os desafios da vida com compaixão, confiança e compreensão.

Ao integrar a espiritualidade de forma transdisciplinar, os profissionais podem promover uma compreensão mais completa das necessidades emocionais, psicológicas e sociais desse público. Essa abordagem pode contribuir para a formação de indivíduos mais equilibrados, compassivos e reflexivos, impactando positivamente não apenas seu desenvolvimento acadêmico, mas também sua saúde emocional e bem-estar geral.

Isso também significa reconhecer e celebrar a diversidade espiritual, possibilitando que as crianças se sintam compreendidas, respeitadas e integradas independentemente de suas origens espirituais ou religiosas. Inicialmente, é imprescindível compreender as discrepâncias entre fé, devoção e transcendência. Segundo Koenig, Mccullough e Larson, no livro *Handbook of Religion and Health*.

- Religião: sistema organizado de crenças, práticas, rituais e símbolos designados para facilitar o acesso ao sagrado, ao transcendente (Deus, força maior, verdade suprema...).
- Religiosidade: quanto um indivíduo acredita em uma religião, segue-a e mantém sua prática. Pode ser organizacional (participação na igreja ou templo religioso) ou não organizacional (rezar, ler livros, assistir a programas religiosos na televisão).
- Espiritualidade: busca pessoal para entender questões relacionadas ao fim e ao sentido da vida, sobre as relações com o sagrado ou transcendente que, pode ou não, resultar no desenvolvimento de práticas religiosas ou na formação de comunidades religiosas.

A espiritualidade é uma dimensão da experiência humana que remonta aos primórdios da história da humanidade. Não há um local específico ou momento preciso em que a espiritualidade tenha nascido, pois ela está presente em diversas culturas e sociedades ao longo do tempo.

Religião	**Religiosidade**	**Espiritualidade**
Promove o medo de Deus	Promove o amor	Ensina a buscar a paz interior
Divisão	União	União com tudo o que existe
Formal, com regras e ritos (julgamento)	As regras são fluidas e devem se adequar às situações (compaixão)	Forma de se relacionar com o mundo e com as pessoas
Coletiva	Individual	Universal
Encontrada em templos, igrejas, mesquitas	Encontrada dentro do próprio indivíduo	Encontrada dentro do próprio indivíduo
Fala o que é a Verdade	Busca contínua pela Verdade	O indivíduo descobre a Verdade por si mesmo
Orientada para o futuro (céu)	Orientada para o aqui e o agora	Orientada para o aqui e o agora
Dogmática	Aberta à interpretação	Aberta à interpretação
Divindade externa, fora do indivíduo	Deus está em todas as coisas, inclusive dentro do indivíduo	Deus está em todas as coisas, inclusive dentro do indivíduo

Fonte: Koenig HG, King DE, Carson VB. Handbook of religion and health.

A busca por significado, conexão com algo maior do que nós mesmos e a exploração de questões existenciais são aspectos fundamentais da espiritualidade. Essas preocupações têm sido abordadas por meio de práticas religiosas, rituais, crenças e filosofias espirituais em diferentes culturas e civilizações ao redor do mundo.

Desde as antigas civilizações da Mesopotâmia, Egito, Grécia e Índia até as tradições indígenas, africanas, asiáticas e ocidentais, a espiritualidade tem sido uma parte intrínseca da vida humana. Ela tem evoluído e se manifestado de diferentes maneiras ao longo do tempo, refletindo a diversidade cultural e as mudanças sociais.

É importante ressaltar que a espiritualidade é uma experiência individual e pode variar amplamente entre as pessoas. Ela pode ser expressa por meio de práticas religiosas institucionalizadas, como o cristianismo, o islamismo, o hinduísmo, o budismo, entre outras, mas também pode ser vivenciada de forma mais pessoal e individualizada, sem estar ligada a uma religião específica.

A espiritualidade é uma dimensão da experiência humana que tem raízes profundas na história e na diversidade cultural. Ela continua a evoluir e a se manifestar de diferentes maneiras em diferentes contextos ao redor do mundo.

Com o passar dos anos, as pessoas deixaram de se voltar para dentro e passaram a buscar sua paz no que está fora, isso porque o mundo atual é muito mais consumista e as pessoas cada vez mais têm a necessidade de "instagramear", o que faz as pessoas procurarem a felicidade em produtos, viagens e bens materiais.

Porém, é quando criança ou adolescente que o indivíduo organiza suas experiências para que possa constituir o sentido de sua vida, valores, crenças e sonhos, de modo que, ao olhar apenas para a felicidade de fora, as angústias e frustrações o distanciam de sua espiritualidade.

O desenvolvimento humano, científico, tecnológico e espiritual contribui na formação de cidadãos capazes de promoverem transformações sociais, que têm vistas para o bem-estar social, no plano pessoal e coletivo. Por isso é tão importante trabalhar as relações espirituais em crianças/adolescentes.

Puchalski escreve em um dos seus artigos sobre a importância de abordar a dimensão espiritual no cuidado integral da pessoa, destacando a necessidade de consenso nacional e internacional nessa área.

Contudo, a espiritualidade somente é saudável quando vivenciada com equilíbrio, assim como todas as coisas do mundo. Ela acompanha as atividades diárias de lazer, trabalho e estudos; ela potencializa as experiências.

Para acreditarmos num mundo melhor e mais humano é que as crianças e os adolescentes devem ser trabalhadas para as relações afetivas e pessoais.

Espiritualidade na saúde

A espiritualidade na saúde pode ser justificada por diversos motivos:

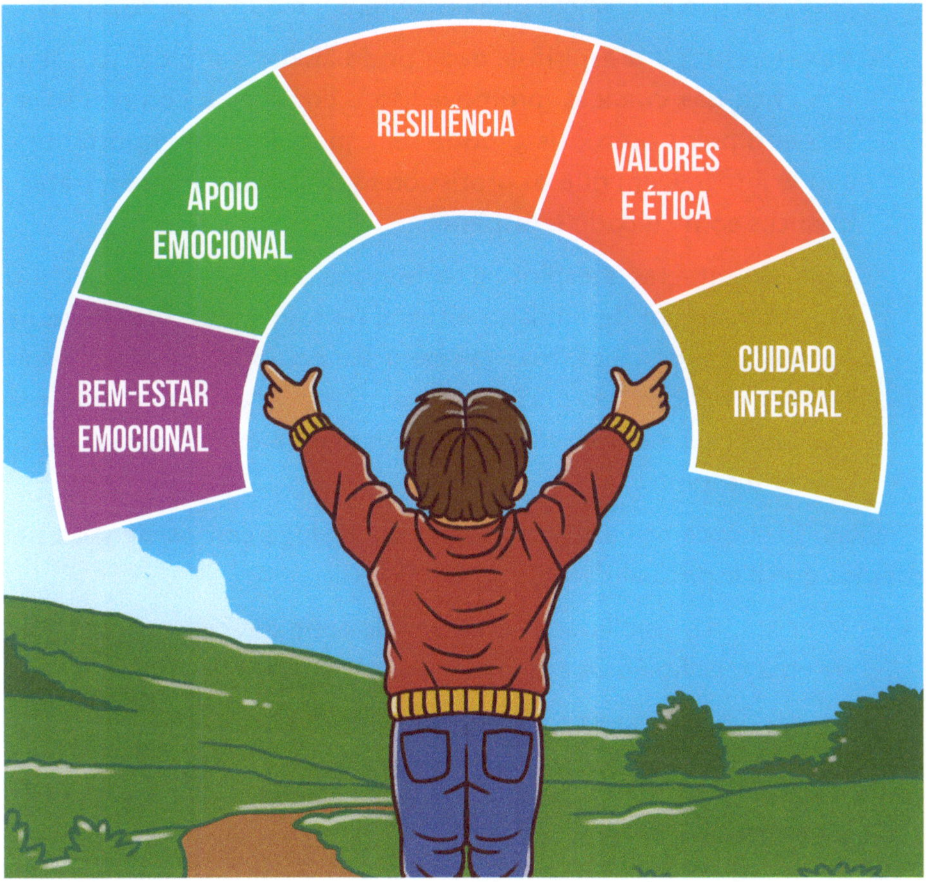

1. Bem-estar emocional: a espiritualidade pode ajudar a promover o bem-estar emocional das crianças, proporcionando-lhes um senso de propósito e significado na vida. Isso pode ser especialmente importante em situações de tratamento que podem ser estressantes e assustadoras para as crianças.
2. Apoio emocional: a espiritualidade pode fornecer um sistema de apoio emocional para as crianças e suas famílias durante o tratamento necessário. Isso pode incluir a crença em uma força superior que está cuidando deles e ajudando-os a superar os desafios.

3. Resiliência: a espiritualidade pode ajudar as crianças a desenvolverem resiliência, ou seja, a capacidade de se recuperar de situações difíceis. Isso pode ser especialmente útil em tratamentos de saúde como um todo, em que as crianças podem enfrentar medos e ansiedades.
4. Valores e ética: a espiritualidade pode ajudar a moldar os valores e a ética das crianças, promovendo a empatia, a compaixão e o respeito pelos outros. Isso pode ser especialmente importante na saúde integral, em que os profissionais de Saúde precisam tratar as crianças com cuidado e respeito.
5. Cuidado integral: a espiritualidade pode ser vista como parte de uma abordagem de cuidado integral na saúde, que considera não apenas a saúde física, mas também a emocional, mental e espiritual das crianças. Isso pode ajudar a promover um tratamento mais abrangente e a compreensão de que não há como separar corpo, mente e espírito.

Quando abordamos a saúde integral, em diálogo com as ciências, percebemos que a espiritualidade:

- Transcende a visibilidade técnica, indo além das ciências, em busca de uma relação única e significativa.
- Agrega o humanismo e a arte onde o cuidador (saúde) é o artista e o apreciador é a criança.

ESSENCIAL!

A espiritualidade na saúde pode trazer benefícios emocionais, apoio, resiliência, valores éticos e uma abordagem de cuidado integral para as crianças durante o tratamento saúde integral.

A espiritualidade desempenha um papel importante na saúde, pois reconhece que o cuidado das crianças não se limita apenas ao aspecto físico, mas também envolve o bem-estar emocional, mental e espiritual.

Aqui estão algumas maneiras pelas quais a espiritualidade é relevante.

Estejam abertos e sensíveis a essa dimensão da vida das crianças e de suas famílias.

Desafios

Como os profissionais da Saúde podem melhorar seu atendimento com o conhecimento da espiritualidade?

Eles podem fazê-lo ao incorporar o conhecimento da espiritualidade de várias maneiras. Seguem-se algumas sugestões:

Educação e formação

Buscar educação e formação específicas em espiritualidade pode ajudar os profissionais de Saúde a entender melhor as necessidades espirituais dos pacientes e como abordá-las de forma adequada. Participar de cursos, *workshops* ou treinamentos sobre espiritualidade na saúde podem ser algumas maneiras eficazes de adquirir esse conhecimento.

Comunicação aberta

Estabelecer uma comunicação aberta e acolhedora com os pacientes é fundamental para entender suas crenças e práticas espirituais. Os profissionais de Saúde devem criar um ambiente seguro e não julgador, em que os pacientes se sintam à vontade para compartilhar suas experiências espirituais.

Avaliação espiritual

Incorporar uma avaliação espiritual na rotina de atendimento pode ajudar os profissionais de Saúde a identificar as necessidades espirituais dos pacientes. Isso pode ser feito por meio de questionários ou entrevistas estruturadas, que abordem questões relacionadas à espiritualidade como crenças, práticas religiosas, fontes de esperança e significado na vida.

Integração da espiritualidade no plano de cuidados

Com base na avaliação espiritual, os profissionais de Saúde podem integrar a espiritualidade no plano de cuidados dos pacientes. Isso pode envolver a inclusão de práticas espirituais, como meditação, oração ou rituais religiosos, ou o encaminhamento para líderes espirituais ou serviços religiosos.

Colaboração interdisciplinar/transdisciplinar

Trabalhar em equipe com outros profissionais de saúde, como capelães, psicólogos, assistentes sociais e especialistas de outras áreas relacionadas à saúde, como nutrição, educação física ou terapias alternativas, pode ser uma maneira eficaz de abordar as necessidades espirituais e religiosas dos pacientes de forma abrangente. A colaboração interdisciplinar enriquecida por uma abordagem transdisciplinar, que busca integrar também perspectivas de áreas não tradicionalmente ligadas à saúde, como filosofia, ecologia, arte e estudos culturais, permite uma abordagem ainda mais completa, diversificada e integrada do cuidado espiritual, promovendo uma compreensão aprofundada das necessidades dos pacientes e proporcionando um ambiente de cura mais abrangente e enriquecedor.

Respeito e empatia

Acima de tudo, os profissionais de Saúde devem abordar a espiritualidade com respeito e empatia. Isso significa reconhecer a importância da espiritualidade na vida dos pacientes, respeitar suas crenças e práticas individuais e oferecer apoio emocional e espiritual, quando necessário.

Levar a espiritualidade para a clínica pode ser um desafio para os profissionais de Saúde, pois envolve lidar com questões subjetivas e pessoais dos pacientes.

Alguns dos desafios mais comuns incluem:

- Respeitar a diversidade religiosa: os profissionais de Saúde devem estar preparados para lidar com pacientes de diferentes crenças e práticas espirituais. É importante respeitar e acolher todas as formas de espiritualidade, sem impor ou julgar uma visão específica.
- Manter a neutralidade: os profissionais de Saúde devem ser neutros em relação à espiritualidade, evitando impor suas próprias crenças ou influenciar os pacientes de forma inadequada. É importante lembrar que a espiritualidade é uma questão pessoal e individual.
- Lidar com a falta de conhecimento: muitos profissionais de Saúde não têm formação específica em espiritualidade e podem se sentir despreparados para abordar essa questão com os pacientes.

É importante buscar conhecimento e capacitação nessa área, a fim de oferecer um cuidado mais abrangente e holístico.

- Respeitar os limites profissionais: embora a espiritualidade possa ser um aspecto importante da vida dos pacientes, os profissionais de Saúde devem lembrar que seu papel principal é fornecer cuidados médicos e não substituir um líder espiritual. É importante estabelecer limites claros e encaminhar os pacientes para profissionais especializados, quando necessário.
- Lidar com a falta de evidências científicas: a espiritualidade é um tema complexo e, muitas vezes, não há evidências científicas suficientes para embasar práticas específicas. Os profissionais de Saúde devem estar cientes dessa limitação e abordar a espiritualidade de forma ética e com base em evidências sempre que possível.
- Superar o estigma: a espiritualidade ainda é um tabu em muitos contextos de saúde, e os profissionais podem enfrentar resistência ou preconceito ao tentar abordá-la. É importante trabalhar para superar o estigma e promover uma abordagem mais inclusiva e holística da saúde.

REFLEXÃO!

Levar a espiritualidade para a clínica pode ser desafiador para os profissionais de Saúde, mas também pode trazer benefícios significativos para o cuidado dos pacientes. É importante abordar essa questão com respeito, neutralidade e conhecimento, buscando sempre oferecer um cuidado integral e individualizado.

A proposta da espiritualidade pode ser vista como uma dimensão importante da saúde e do bem-estar das crianças, que vai além do aspecto físico. Ela busca proporcionar um senso de propósito e significado na vida, oferecer um sistema de apoio emocional, ajudar as crianças a lidarem com medos e ansiedades, promover valores como empatia e compaixão e considerar a saúde emocional, mental e espiritual das crianças como parte integrante dos cuidados na prática clínica. A proposta é abordar as crianças A proposta é abordar as crianças, reconhecendo que sua saúde não se limita ao aspecto físico, mas também envolve aspectos emocionais e espirituais.

> *"Estudos científicos têm mostrado que a espiritualidade está profundamente enraizada na biologia humana. Ela está presente em nossos cérebros, em nossos sistemas nervosos e em nossos corpos como um todo. A espiritualidade não é apenas uma construção cultural ou uma ilusão, mas sim uma parte essencial da nossa natureza humana."*
>
> Andrew Newberg

Lipton, em seu livro *A Biologia da Crença*, discute a relação entre a mente e o corpo, argumentando que as crenças e pensamentos têm um impacto direto na saúde e no bem-estar de uma pessoa. Ele propõe que a nossa percepção do ambiente e as nossas crenças podem influenciar a expressão dos nossos genes, afetando, assim, a nossa saúde física e mental.

O autor também explora a ideia de que a medicina convencional, muitas vezes, se concentra apenas nos aspectos físicos da doença, ignorando o papel das crenças e emoções na cura. Ele defende a importância de abordar a saúde de forma integral, considerando tanto os aspectos físicos como os mentais e emocionais.

Além disso, Lipton discute a teoria da evolução das espécies de Charles Darwin e argumenta que a seleção natural não é a única força motriz da evolução. Ele propõe que as mudanças ambientais podem influenciar diretamente a expressão dos genes, e que as crenças e pensamentos também desempenham um papel importante na evolução.

No geral, apresenta uma perspectiva inovadora sobre a relação entre mente e corpo, destacando a importância das crenças e pensamentos na saúde e na evolução humanas.

Nos últimos anos, ganhou cada vez mais importância, na Psicologia, o modelo de indivíduo como um organismo de autorregulação que interage com o ambiente. Esse modelo é altamente compatível com o conceito de *flow*, que está associado ao funcionamento e desenvolvimento psicológico (Csikszentmihalyi, Rathunde, 1993; Inghilleri, 1999).

A experiência do *flow* é influenciada tanto pela pessoa como pelo ambiente e envolve a motivação emergente em um sistema aberto

(Csikszentmihalyi, 1985). Ou seja, o que ocorre em determinado momento é sensível ao que aconteceu imediatamente antes, em vez de ser determinado por uma estrutura intencional já existente na pessoa (como uma característica ou peculiaridade) ou no ambiente (como um papel ou roteiro). A motivação emerge mediante a interação, o que significa que as metas seguintes surgem desse processo. A seguir, apresentarei a noção de metas emergentes de longo prazo, como novos interesses.

Desenvolvimento da criança

A criança, em sua formação do futuro adolescente, é, sem dúvida, um dos temas que atualmente mais catalisam a atenção. Se há toda uma preocupação em relação à criança é porque se considera que ela requer cuidados especiais que vão além do nível da saúde física, centralizando-se em grande parte no bem-estar psicológico. Portanto, requer tática e habilidades específicas no seu trato, cujo objetivo é que ela se desenvolva bem, ou seja, saudável, feliz e sem traumas.

Do nascimento à puberdade, as crianças passam por fases, por suas características de comportamento, de anseios e fantasias, dos quais o profissional que a atenderá deve estar a par.

Entre esses anseios, o medo é o maior problema que o profissional enfrenta para estabelecer uma relação profissional satisfatória, que favoreça o desenvolvimento do tratamento dentário.

Em sua primeira visita a um consultório médico, a experiência para a criança pode ser frustrante, geradora de conflitos e medos.

Por isso, para o processo na relação do paciente com o profissional, uma adaptação a esta nova situação deve ser realizada por meio de um contato gradual e progressivo, mediante a interface com o profissional de educação que, ao ser intermediário entre os dois, deve apresentar comportamento simpático e compreensivo, procurando estabelecer um vínculo afetivo com o paciente e seus pais, a fim de, aos poucos, diminuir a ansiedade e a angústia presentes, principalmente no primeiro dia de visita ao consultório.

Um olhar na educação

Figura 7.1. Aprendendo a aprender, a ser, a fazer e a conviver.
Fonte: Acervo da autoria do capítulo.

Caminhos pedagógicos da espiritualidade

A abordagem transdisciplinar confere uma nova perspectiva ao conhecimento, representando um movimento que engloba as dimensões humanas, promovendo a alteridade, o respeito ao próximo e à natureza, a tolerância, a compreensão e a ética. Essa abordagem representa uma mudança de atitude perante a vida. Ela valoriza tanto os saberes acadêmicos quanto os não acadêmicos, ampliando a percepção e a compreensão do mundo ao nosso redor. Como afirmado por Moraes (2015, p. 7), "A complexidade é um dos elementos constitutivos da matriz geradora da transdisciplinaridade". A complexidade influencia a ação e o pensamento em diferentes níveis de realidade e percepção, contribuindo para identificar, interpretar e resolver problemas.

O processo de adquirir habilidades de aprendizagem, desenvolver competências essenciais, e cultivar a capacidade de convivência e interação social tornam-se fundamentais para a formação de indivíduos aptos a viver em comunidade e responder de maneira apropriada à visão engajada, empática, colaborativa, abrangente, autorreguladora, tolerante, autocrítica, e reflexiva promovida pela abordagem transdisciplinar. A função do educador consiste em desenvolver uma escuta perspicaz, reconhecer as diversas camadas da realidade, a diversidade cultural e humana, e elaborar estratégias originais e inovadoras com o propósito de alcançar esse objetivo, ou seja, instruir na arte do pensamento, expandindo a percepção e a consciência dos alunos. Conforme Suanno (2011, p. 4), compete aos professores auxiliar os educandos na construção de conhecimento, na ampliação de sua visão de mundo, de sua consciência e de sua curiosidade epistemológica. Os processos de ensino-aprendizagem transdisciplinares devem considerar o estudante como o protagonista de sua própria história, estimulando a integração entre conhecimentos científicos, expressões artísticas, a experiência pessoal do aluno, e promovendo o desenvolvimento humano.

Mudança de paradigma

Enquanto a interdisciplinaridade busca integrar o conhecimento por meio da conexão entre os saberes disciplinares, a transdisciplinaridade vai além das fronteiras do conhecimento disciplinar. ela contextualiza e oferece uma visão global do objeto de estudo, resultando em uma compreensão mais abrangente que supera a fragmentação e o reducionismo, ampliando significativamente a visão de mundo do sujeito.

> *"Caracterizados pelo desejo de ruptura com a fragmentação do conhecimento em favor da perspectiva complexa que tem por objetivo a articulação, a religação de conhecimentos, em*

torno de metatemas, em perspectiva multirreferencial e multidimensional. Assim como, por buscar promover a diálogo entre filosofia, ciências, culturas e literatura, conectando razão, emoção e imaginação para potencializar a capacidade humana de perceber, compreender e transformar a realidade."

Suanno (2014, p. 7)

Como podemos orientar os pais quanto à importância da espiritualidade no aumento da resiliência da criança?

ORIENTAÇÃO!

Os pais precisam saber que, por meio da espiritualidade, podem contribuir no aumento da resiliência dos seus filhos.

Aqui estão algumas sugestões:

- Educação: explicar aos pais como a espiritualidade pode ser uma fonte de força e apoio emocional para as crianças. Discutir os benefícios da espiritualidade, como a capacidade de encontrar significado e propósito na vida, lidar com o estresse e promover a resiliência.
- Exemplos práticos: compartilhar exemplos concretos de como a espiritualidade pode ajudar as crianças a enfrentar os desafios. Isso pode incluir histórias de crianças que encontraram conforto em suas crenças religiosas ou práticas espirituais durante momentos difíceis.
- Incentivo à reflexão: encorajar os pais a refletirem sobre suas próprias crenças e práticas espirituais e como elas podem ser transmitidas às crianças. Isso pode envolver a discussão sobre valores, ética, compaixão e conexão com algo maior do que elas mesmas.
- Fornecimento de recursos: indicar livros, artigos, grupos de apoio ou organizações religiosas ou espirituais que possam ajudar os pais a explorarem mais sobre a espiritualidade e como incorporá-la na vida de suas crianças.
- Respeito às crenças individuais: lembrar os pais que a espiritualidade é uma questão pessoal e que cada família pode ter suas próprias

crenças e práticas. É importante respeitar e valorizar a diversidade de crenças religiosas e espirituais.

- Modelagem: os pais podem ser modelos de espiritualidade para suas crianças, demonstrando como eles vivem seus valores e crenças no dia a dia. Isso pode incluir a prática de rituais, orações, meditação ou qualquer outra forma de conexão espiritual.
- Comunidade de apoio: incentivar os pais a buscarem comunidades religiosas ou espirituais que possam fornecer suporte e recursos adicionais para eles e suas crianças. Essas comunidades podem oferecer um senso de pertencimento, apoio emocional e oportunidades de aprendizado e crescimento espiritual.

RELEMBRE!

Que a orientação sobre espiritualidade deve ser sensível às crenças individuais e respeitar a autonomia dos pais na educação de seus filhos. O objetivo é fornecer informações e apoio, não impor uma visão específica da espiritualidade.

Comunicação como instrumento de ensino-aprendizagem

A palavra é um instrumento poderoso na comunicação entre os homens, permitindo que vivessem e trabalhassem em grupo, sendo um instrumento essencial para a efetivação da aprendizagem.

É por meio das palavras que as pessoas expressam seus sentimentos, suas emoções e seus desejos. As palavras têm poder, podem se transformar em sonhos ou pesadelos, em humor ou raiva, criam formas no subconsciente das crianças ou mesmo de alguns adultos, geram medos e sobressaltos, prejudicando o aprendizado.

Este é um dos desafios dos profissionais – mudar as palavras, durante seu atendimento, e transformá-lo em um elemento de conhecimento significativo tendo como base o conhecimento científico sobre a espiritualidade –, reduzindo o nível de estresse e minimizando as experiências desagradáveis anteriores, propiciando a essa criança a condição da aquisição do conhecimento significativo.

Por vivermos em uma época de rápidas e profundas transformações, é necessário estarmos preparados para incorporar novas e desafiadoras aprendizagens.

Atuação da espiritualidade no cérebro da criança

As experiências religiosas e espirituais encontradas em diversas culturas são vistas por Alper como recursos adaptativos capazes de evocar sentimentos de "*tranquilidade, arrebatamento, felicidade sublime, bem-aventurança, êxtase, júbilo, entre outros*" (Alper, 2009, p. 150). Essas emoções positivas seriam o resultado da ativação de áreas do cérebro que estão biologicamente programadas para produzi-las durante práticas como "*meditação, oração, canto, ioga, dança, rituais religiosos, contemplação*" (2009, p. 154). Alper expressou durante uma entrevista seu desejo de destacar que a espiritualidade e a religiosidade são "*atributos naturais da humanidade*". Ele acreditava que as descobertas da neurociência respaldavam o potencial terapêutico das práticas espirituais e, ainda, poderiam ser empregadas "para defender uma perspectiva ateísta da fé religiosa" (entrevista com Matthew Alper, 06/2015).

Nesse entendimento, se criar metáforas entre a espiritualidade e outras disciplinas, incentivando uma abordagem crítica e analítica dessas práticas. Isso proporciona uma oportunidade de integrar conceitos espirituais com diferentes áreas de estudo, enriquecendo ainda mais a compreensão dos fenômenos espirituais e seu impacto em diversas esferas da vida do nosso público-alvo (infantojuvenil), incentivando uma abordagem crítica e analítica dessas práticas.

Semântica – o estudo da significação

A semântica é o estudo das significações das palavras. Às vezes, referimo-nos à definição léxica estrita de uma palavra como sua denotação, ao passo que nos referimos a insinuações emocionais, a pressuposições e a outras significações não explícitas de uma palavra como suas conotações.

Para que lembremos as significações das palavras, codificamo-las na memória por meio de conceitos – ideias (representações mentais), às quais podemos vincular várias características e com as quais podemos conectar diversas ideias, como por intermédio de proposições, tanto quanto pelas imagens e, talvez, também de padrões motores para a implementação de procedimentos específicos.

Teoria da significação

Ao longo dos anos, algumas teorias foram propostas; entre elas, duas contemporâneas; a teoria do protótipo; e a componencial, que atraíram especialmente os psicólogos.

A teoria do protótipo sugere que a significação é derivada de aspectos característicos, que descrevem o modelo típico da palavra. A teoria componencial, denominada também "teoria da definição", afirma que a significação pode ser compreendida pela desagregação das palavras em uma série de componentes significativos, individualmente necessários e conjuntamente suficientes para definir o conceito da palavra.

O modo pelo qual adquirimos e usamos a linguagem é afetado não só pelos nossos contextos cultural e social, mas também pelo nosso contexto cognitivo. Isto é, o que podemos dizer, escrever e entender depende também do que sabemos e como organizamos o que sabemos.

> *"Como é que as reações sensório-motoras posturais etc. dadas no equipamento hereditário do recém-nascido preparam o indivíduo para adaptar-se ao meio externo e para adquirir os comportamentos ulteriores caracterizados precisamente pela utilização progressiva da experiência?"*
>
> Piaget

Vygotsky (1975) dá grande ênfase à cultura e à história na constituição do homem, não desconsiderando, obviamente, os processos fisiológicos do ser humano. Para ele, a base biológica do funcionamento psicológico é o cérebro. Este, todavia, não é um sistema imutável e fixo. O cérebro é muito plástico e sua estrutura e funcionamento são moldados ao longo da filogênese e da ontogênese.

Assim, o cérebro pode servir a novas funções, sendo um sistema aberto.

Podemos considerar a psicologia de Vygotsky como pertencente ao campo das teorias genéticas, estudando a infância para tentar compreender a gênese, a formação e a evolução dos processos psíquicos superiores do homem. Estes seriam o modo de funcionamento psicológico tipicamente humano, por exemplo, a memória voluntária, a atenção concentrada, a imaginação, a capacidade de planejamento etc. Essas funções são mecanismos intencionais, conscientemente controlados, que dão ao indivíduo uma possibilidade de independência em relação às características do momento e espaço presentes.

As funções psicológicas superiores diferem das funções psicológicas elementares, encontradas nos animais e nas crianças.

Enquanto as funções elementares são de origem biológica, as funções superiores são histórica e culturalmente produzidas por meio da relação de um sujeito interativo com o ambiente que o rodeia. Assim, as funções psicológicas superiores, por serem frutos de um desenvolvimento histórico-cultural, demonstram o quanto aa cultura é parte constitutiva da natureza humana.

Uma cultura que desenha o papel do profissional que provocará dor para libertar um paciente de um sofrimento, causado pela sujeira contida no alimento ou por bichinhos cruéis que invadem a intimidade bucal, promoverá a construção de esquemas cognitivos associados a emoções como o medo e – por que mesmo não dizer? – terror, impedindo a situação indesejada sempre que possível. As funções psicológicas superiores são construídas a partir dos elementares, do sensório-motor. Para se provocarem mudanças, é necessário que a educação comece aí, na formação dos primeiros esquemas sensório-motores.

Respeito às diferenças individuais

As múltiplas habilidades do indivíduo, identificadas por Gardner (1995), constituem um pilar para a compreensão e a consideração da individualidade:

> *"Mas existe uma visão alternativa que eu gostaria de apresentar – baseada numa visão da mente radicalmente diferente, que produz um tipo de escola muito diferente. É uma visão pluralista da mente, reconhecendo muitas facetas diferentes e separadas da cognição, reconhecendo que as pessoas têm forças cognitivas diferenciadas e estilos cognitivos contrastantes."*
>
> Gardner (1995)

Figura 7.2. Aceitação inclusiva.
Fonte: Acervo da autoria do capítulo.

Se quisermos atuar na formação dos esquemas sensórios-motores, teremos de trabalhar sobre as potencialidades que compõem a teoria das inteligências múltiplas de Gardner: lógico-matemática, verbal ou linguística, espacial, corporal-cenestésica, musical, intrapessoal e interpessoal e também a ecológica e a espiritual, sistematizadas por ele recentemente.

Aqui estão algumas sugestões de como levar a espiritualidade a crianças com necessidades especificas:

1. **Educar-se:** familiarizar-se com as necessidades e características das crianças atípicas, como autismo, síndrome de Down, deficiências

físicas, entre outras. Isso ajudará o profissional a entender melhor as necessidades da criança e como adaptar a espiritualidade para ela.

2. Adaptar o ambiente: fazer as adaptações necessárias no ambiente religioso para torná-lo mais inclusivo. Isso pode abranger a criação de espaços sensoriais tranquilos, a disponibilização de materiais de comunicação alternativa, como pictogramas ou Libras, e a garantia de acessibilidade física.
3. Oferecer suporte individualizado: reconhecer que cada criança é única e pode ter necessidades diferentes. Oferecer suporte individualizado como a presença de um acompanhante ou a adaptação de atividades para atender às necessidades específicas de cada criança.
4. Promover a inclusão social: incentivar a interação entre as crianças atípicas e as demais crianças da comunidade religiosa. Isso pode ser feito por meio de atividades em grupo, jogos cooperativos e ações que promovam a empatia e a compreensão mútua.
5. Valorizar a diversidade: ensinar às crianças sobre a importância da diversidade e da inclusão. Promover a aceitação e o respeito pelas diferenças, mostrando que todos são igualmente valiosos e amados por sua espiritualidade.
6. Comunicar-se de forma clara: utilizar linguagem simples e clara ao se comunicar com as crianças atípicas. Usar recursos visuais, como imagens ou gestos, para auxiliar na compreensão.
7. Estar aberto ao aprendizado: estar disposto a aprender com as crianças atípicas. Elas têm muito a ensinar sobre resiliência, empatia e aceitação. Estear aberto a adaptar suas práticas e crenças para incluir e valorizar a diversidade.

MEMORIZE!

De que cada criança é única e pode ter necessidades específicas. O mais importante é criar um ambiente acolhedor, inclusivo e respeitoso, em que todas as crianças possam se sentir amadas e valorizadas em sua espiritualidade.

Desenvolvimento da autoestima

A autoestima é uma necessidade humana fundamental. Segundo Brandem (1995), a autoestima é:

> *"Confiança em nossa capacidade de pensar, confiança em nossa capacidade de dar conta dos desafios básicos da vida e confiança em nosso direito de vencer e sermos felizes; a sensação de que temos valor e de que merecemos e podemos afirmar nossas necessidades e aquilo que queremos, alcançar nossas metas e colher os frutos de nossos esforços."*
>
> Brandem (1995)

É importante procurar fortalecê-la constantemente para que a pessoa possa se tornar mais resistente às situações adversas. Em todas as atividades, devemos ajudar a criança e o adolescente a desenvolver a autoestima, propiciando-lhes oportunidades para aumentar a confiança na sua capacidade de aprender, incentivando-os a se apreciarem e a agirem corretamente, aprendendo a se defenderem de situações desestimuladoras e a valorizar as conquistas do outro, adotando atitudes flexíveis, desenvolvendo a criatividade e procurando alcançar novas metas.

Vale a pena ressaltar que:

A **resiliência** é a capacidade de se adaptar e de se recuperar diante de adversidades, desafios e situações difíceis. É a habilidade de lidar com o estresse, superar obstáculos e encontrar soluções para problemas.

A **espiritualidade,** por sua vez, refere-se à busca de um significado mais profundo e transcendental na vida. Envolve a conexão com algo maior do que nós mesmos, por intermédio de uma religião, crenças pessoais ou práticas espirituais.

A relação entre resiliência e espiritualidade está vinculada ao fato de que a espiritualidade pode fornecer um senso de propósito e significado na vida, o que pode ajudar a fortalecer a resiliência. Quando uma pessoa tem uma base espiritual sólida, ela pode encontrar conforto, esperança e força em momentos difíceis.

A espiritualidade também pode fornecer um sistema de crenças e valores que ajudam a pessoa a enfrentar desafios e adversidades com uma perspectiva mais positiva. Ela pode ajudar a pessoa a encontrar um propósito maior em suas experiências e acreditar que há um plano ou razão para o que está acontecendo.

Além disso, a espiritualidade pode fornecer práticas e rituais que promovem o bem-estar emocional e mental, como a meditação, a oração e a reflexão. Essas práticas podem ajudar a pessoa a desenvolver habilidades de autorregulação emocional, reduzir o estresse e promover a resiliência.

No entanto, é importante ressaltar que a espiritualidade não é a única fonte de resiliência. Existem muitos fatores que podem influenciar a capacidade de uma pessoa de se adaptar e de se recuperar de adversidades, como o apoio social, a saúde mental, as habilidades de enfrentamento e a autoestima.

ANOTE!

A resiliência e a espiritualidade estão interligados, pois a espiritualidade pode fornecer um senso de propósito, significado e práticas que promovem o bem-estar emocional e mental, fortalecendo, assim, a resiliência da criança/adolescente.

PARÁBOLA

Seiva do conhecimento

Fonte: Acervo da autoria do capítulo.

A metáfora mostra como a seiva alimenta a árvore para que ela possa crescer e se transformar em algo frondoso ao longo do tempo, o conhecimento e a reflexão nutrem a mente, permitindo que as crianças germinem e se desenvolvam integralmente, florescendo como árvores robustas de conhecimento e sabedoria.

Em uma aldeia antiga, havia uma escola onde o conhecimento era valorizado em todas as suas formas, desde a matemática até a poesia. Percebendo que a espiritualidade era um elemento, muitas vezes, negligenciado nas lições diárias, os mestres decidiram introduzir um novo currículo.

Para compartilhar a sabedoria da espiritualidade, convidaram um filósofo respeitado para dar aula. Ele começou com uma história cativante sobre a busca humana pelo significado e a contemplação da existência, integrando essa ideia com as lições de ciências, estimulando as crianças a explorar as questões fundamentais da vida e da consciência.

Nas lições de arte, ele as incentivou a refletir sobre a beleza interior, promovendo a criatividade e a autoexpressão. No fim do dia, o filósofo promoveu uma atividade no jardim da escola, onde cada criança plantou uma pequena semente. Ele comparou a semente à busca pelo conhecimento e seu crescimento ao longo do tempo, simbolizando a importância da união da sabedoria interior com a busca pelo conhecimento.

Essa parábola com o filósofo representa a importância da integração da espiritualidade como uma ferramenta transdisciplinar na educação infantojuvenil, destacando a busca pelo significado e a contemplação da existência, aspectos fundamentais no desenvolvimento e crescimento integral da do indivíduo da infância à adolescência.

Referências

1. Anandarajah G, Hight E. Spirituality and medical practice: using the HOPE questions as a practical tool for spiritual assessment. American Family Physician, 63(1), 81-89, 2001.
2. Balboni MJ, Sullivan A, Enzinger AC, Epstein-Peterson ZD, Tseng YD, Mitchell C, Balboni TA. Nurse and physician barriers to spiritual care provision at the end of life. Journal of Pain and Symptom Management, 45(2), 261-276, 2013.
3. Balboni TA, Vanderwerker LC, Block SD, Paulk ME, Lathan CS, Peteet JR, Prigerson HG. Religiousness and spiritual support among advanced cancer patients and associations with end-of-life treatment preferences and quality of life. Journal of Clinical Oncology, 25(5), 555-560, 2007.
4. Barbosa CG. Odontoeducação: uma abordagem multidisciplinar. Dissertação [Mestrado em Mídia e Conhecimento] – Faculdade de Engenharia de Produção da Universidade Federal de Santa Catarina (UFSC). Florianopolis, 2000.
5. Bonelli RM, Koenig HG. Mental disorders, religion and spirituality 1990 to 2010: a systematic evidence-based review. Journal of Religion and Health, 52(2), 657-673, 2013.
6. Branden N. A auto-estima e seus seis pilares. Tradução de Vera Caputo. São Paulo: Saraiva, 1995.
7. Branden N. O poder da auto-estima. Tradução de Maria Silvia Mourão Neto. 2. ed. São Paulo: Saraiva, 1994.
8. Brunner V, et al. A importância da psicologia e relações humanas na odontologia, particularmente em odontopediatria. RGO, v. 29, n. 2, p. 100-104, abr./jun. 1981.
9. Campos DM de S. O teste do desenho como instrumento de diagnóstico da personalidade. 20. ed. Petrópolis: Vozes, 1990, 98p.
10. Castells M. A sociedade em rede – a era da informação: economia, sociedade e cultura. São Paulo: Paz e Terra, 1999.
11. Centro de Ensino Tecnológico de Brasília. A prática pedagógica – módulo 1. Brasília: CETEB, 1999.
12. Chiavenato I. Gestão de pessoal: o novo papel dos recursos humanos nas organizações. 13. ed. Rio de Janeiro: Campus, 1999.
13. Clark EA, Horton-Deutsch S. The HOPE questions for spiritual assessment: a validation study. Journal of Advanced Nursing, 65(6), 1261-1271, 2008.
14. Clark EA, Horton-Deutsch S. The HOPE questions: a guide for spiritual assessment. Journal of Palliative Medicine, 14(3), 297-299, 2011.
15. Clark EA. The HOPE questions: an effective tool for spiritual assessment. American Journal of Hospice and Palliative Medicine®, 19(2), 78-80, 2002.
16. Csikszentmihalyi M, Rathunde K. The measurement of flow in everyday life. Nebraska Symposium on Motivation, 40, 57-97, 1993.
17. Csikszentmihalyi M. "Emergent motivation and the evolution of the self". Advances in motivation and achievement, 4, 93-119, 1985.
18. Derdyk E. Formas de pensar o desenho: desenvolvimento do grafismo infantil. São Paulo: Scipione, 1989, p. 239.

19. Fergus S, Zimmerman MA. Adolescent resilience: a framework for understanding healthy development in the face of risk. Annual Review of Public Health, 26, 399-419, 2005.
20. Fialho FAP. Computational modeling of the equilibration of the cognitive structures as proposedby Jean Piaget. In: Anais IV Congress International de Genie des Systemes Industriels, Franca, 1993.
21. Forest MJ, Thomas GV. Estudo exploratório de desenho de crianças carentes. Insight – Psicoterapia, v. 3, n. 28, abr. 1993.
22. Gardner H. Inteligências múltiplas; a teoria na prática. Tradução de Maria Adriana Veríssimo Veronese. Porto Alegre: Artes Médicas, 1995.
23. Heckel P. Software amigável; técnicas de projeto de software para uma melhor interface com o usuário. São Paulo: Campos, 1991.
24. Hill PC, Pargament KI, Hood RW, McCullough ME, Swyers JP, Larson DB, Zinnbauer BJ. Conceptualizing religion and spirituality: points of commonality, points of departure. Journal for the Theory of Social Behaviour, 30(1), 51-77, 2000.
25. Hill PC, Pargament KI. Advances in the conceptualization and measurement of religion and spirituality: implications for physical and mental health research. Psychology of Religion and Spirituality, 1(1), 3-17.
26. Inghilleri P. From subjective experience to cultural change. Cambridge: Cambridge University Press, 1999.
27. Koenig HG, King DE, Carson VB. Handbook of religion and health. Oxford University Press. 2001.
28. Koenig HG, Larson DB. Religion and mental health: evidence for an association. International Review of Psychiatry, 13(2), 67-78, 2001.
29. Koenig HG. Religion, spirituality and health: the research and clinical implications. ISRN Psychiatry, 2012.
30. Kuhn TS. A estrutura das revoluções científicas. São Paulo: Perspectiva, 1975.
31. Lewin K. Field theory in social science: Selected theoretical papers. Harper & Row.
32. Lipton BH. A biologia da crença. Tradução de Yma Vick. São Paulo: Butterfly, 2007.
33. Lucchetti G, Lucchetti ALG, Koenig HG. Religion, spirituality, and health: a review of the literature. International Review of Psychiatry, 32(1), 67-81, 2020.
34. Marcus A. Designing graphical user interfaces. New York: Unix World,1990. P. 107-115, 121-127,135-138.
35. Marcus A. Graphic design for eletronic documents and user interfaces. New York; ACM,1992.
36. Martin BJS, Maudin BB. The role of dental hygienist in pacient motivation. J. Am. Dental. Assoc., v. 106, p. 613-615, 1983.
37. Milori SA, et al. Impacto de um programa preventivo com ênfase na educação de hábitos de higiene oral. In: Reunião Anual da Sociedade Brasileira de Pesquisas Odontológicas, 2., Águas de São Pedro. Anais... Águas de São Pedro, 1994. p. 69.
38. Moraes, Maria Cândida. Da ontologia e epistemologia complexa à metodologia transdisciplinar. Revista Terceiro Incluído, UFG, v. 5, n. 1, p. 1-19, Jan/Jun, 2015, Dossiê ecotransd: ecologias dos saberes e transdiciplinaridade.

39. Moran JM. Interferências dos meios de comunicação no nosso conhecimento. Revista Brasileira de Comunicação, São Paulo, v. 17, n. 2, jul. /dez. 1994.
40. Paiano JAA. Brasil viável. J. Aboprev, Piracicaba, v. 6, p. 6, 1995.
41. Papalia ED, Sally WO. O mundo da criança da infância à adolescência. 2. ed. São Paulo: Makron Books do Brasil, 1998.
42. Pargament KI, Koenig HG, Perez LM. The many methods of religious coping: development and initial validation of the RCOPE. Journal of Clinical Psychology, 56(4), 519-543, 2000.
43. Park CL. Religion and meaning. In The Oxford Handbook of the Psychology of Religion (p. 357-371). Oxford: Oxford University Press, 2013.
44. Piaget J, Inhelder B. O nível sensório-motor. In: A psicologia da criança. 3. ed. São Paulo: Difel, 1974, p. 11-45.
45. Powell LH, Shahabi L, Thoresen CE. Religion and spirituality: linkages to physical health. American Psychologist, 58(1), 36-52, 2003.
46. Preece J. Human-computer interaction. New York: Addison-Wesley, 1994.
47. Puchalski CM, Romer AL. Taking a spiritual history allows clinicians to understand patients more fully. Journal of Palliative Medicine, 3(1), 129-137.
48. Puchalski CM, Vitillo R, Hull SK, Reller N. Improving the spiritual dimension of whole person care: reaching national and international consensus. Journal of Palliative Medicine, 17(6), 642-656.
49. Rabaglio MO. Seleção por competências: uma ferramenta diferenciada para captação de talentos humanos. Disponível em: www.rabaglio.com.Br. Acessado em: 22 nov. 2006.
50. Saba-Chuffi F, et al. Avaliação de métodos de motivação/educação em higiene bucal aplicados em adolescentes de 12 a 16 anos de idade. Gaúcha Dental, v. 40, p. 87-90, 1992.
51. Sandell P. Health education activities in community dental programs. J. Dental. Child., v. 26, p. 224-228, 1959.
52. Sandler J, et al. O paciente e o analista: fundamento do processo psicanalítico. 2. ed. Rio de Janeiro: Imago, 1986, p. 130.
53. Sandrini JC. Reações infantis frente ao atendimento odontológico e suas manifestações psíquicas. Curitiba, JBP, v. 1, n. 3, p. 75-88, 1998.
54. Silva AV. Afetividade – será que sua classe enxerga você assim? Nova Escola, Psicologia, p. 18-20, ago., 1996
55. Smith TB, McCullough ME, Poll J. Religiousness and depression: evidence for a main effect and the moderating influence of stressful life events. Psychological Bulletin, 129(4), 614-636.
56. SUANNO, João Henrique. Ecoformação, transdisciplinaridade e criatividade: a escola e a formação do cidadão do século XXI. In: MORAES, Maria Cândida; SUANNO, João Henrique. O pensar complexo na educação: sustentabilidade, transdisciplinaridade e criatividade. Rio de Janeiro: Wak Editora; 2014.
57. Vygotsky LS. Pensamento e linguagem. Lisboa: Antídoto; São Paulo: Martins Fontes, 1975.
58. Wagnild GM, Young HM. Development and psychometric evaluation of the Resilience Scale. Journal of Nursing Measurement, 1(2), 165-178.

Índice remissivo